웃음에 희망을 걸다

오혜열 지음

멘토

웃음에 희망을 걸다

펴낸날 | 2008년 12월 20일 초판 1쇄 발행
지은이 | 오혜열
펴낸이 | 박동주
펴낸곳 | 도서출판 멘토
등 록 | 1997년 11월 25일 제12-219호
주 소 | 서울시 양천구 신월동 48-9호 종경 B/D 201호
         전화 2608-0797 팩스 2608-0798
         e-mail : mentorpub@paran.com

Copyright ⓒ 오혜열 2008

ISBN 978-89-88152-45-4 (03810)   printed in Korea

* 책값은 뒷표지에 있습니다.

 들어가는 글

prologue

웃음은 희망이다

"인생은 끊임없는 선택의 과정이며 웃음을 선택한 사람들에게 인생은 행복과 건강을 선물한다."

누구나 행복한 삶을 원한다. 그러나 원하는 대로 행복해지기는 쉽지 않다. 많은 사람들이 행복을 미래에서 찾으려 하고, 외부적인 조건과 환경에서 찾으려 하기 때문이다. 그러나 행복은 지금 이 순간이며 나 자신의 내면에서 찾아야 한다.

철학자 헤겔은 "행복으로 들어가는 문의 손잡이는 마음 안쪽에 달려 있다"고 하였다. 그래서 행복의 문은 자신 만이 열 수 있고 자신 만이 끊임없이 선택해 가는 과정이다.

필자는 웃음이 없이 늘 심각했다. 평생 찍은 사진 중에 웃는 사진이라곤 없었다. 너무 예민해서 아내가 붙여 준 별명도 신경질 박사였다. 직장에서도 동료들이 잘 접근하지 않고 집에서도 두려움과 시한 폭탄적 존재였다. 그래서 그런지 스트레스를 많이 받게 되고 늘 통증으로 시달려왔다. 좌골신경통, 요통, 견통, 십이지장 궤양, 편두통, 갑상선항진증 등 스트레스로 인한 Back pain으로 늘 인상 펴질 날 없이 지내다 보니 스트레스는 더 쌓이고 통증은 점점 심해져 갔다.

물론 이틀에 한 번씩 물리치료를 받고 일주일에 한 번씩 스포츠 마사지도 받고 통증이 심할 때마다 봉독주사, 태반주사를 맞았지만, 잠시 뿐이고 통증은 또다시 나를 괴롭혔다. 견통이 심할 때는 3개월 동안 아내가 운전하고 필자는 뒷좌석에서 큰 핫백을 베고 누워 출퇴근을 하기도 했다. 이때 노먼 커즌스가 쓴 『불치병을 이기는 신비로운 마음과 몸의 치유력』이라는 책을 우연히 읽게 되었다.

그는 강직성척추염이라는 희귀 질병으로 심한 통증과 시멘트처럼 근육이 굳어가는 증세를 웃음과 아스코르빈산(비타민C)으로 완치한 경험을 자세히 기록하였다.

눈이 번쩍 띄었다. 믿지 않았지만 해보고 싶었다. 비타민C를 구입해서 먹는 일은 쉬웠지만 웃음은 잘되지 않았다. 그래서 웃음도 배워야겠다는 생각으로 웃음에 관한 책을 구입해서 읽으며 실천을 하기로 하였다.

하지만 왠지 쑥스럽고 또 짜증나는 날은 웃지 않게 되었다. 그리고 가족의 공감대가 형성되지 않아 혼자 웃는 것이 낯설었다.

그래서 용기를 내어 가족이 함께 한국웃음연구소의 "웃음스쿨"이라는 프로그램에 참여하게 되었다. 갈 때는 어깨 통증이 너무 심해 안전벨트 윗고리를 왼손으로 잡고 오른손으로 겨우 운전해서 갔는데 오후 1시부터 6시까지 5시간을 웃고 집으로 돌아올 때는 통증이 감쪽같이 사라졌다. 전혀 아프지 않았다. 그 다음날 아침까지도 통증이 전혀 없었다.

통증 없이 상쾌한 출근을 하니 너무 기분이 좋았다. 그래서 차 속에서 계속 웃으면서 출근했다.

　가정과 직장에서 삶의 태도가 바뀌기 시작했다. 모든 것을 여유 있게 생각하며 긍정적인 마음으로 이해하도록 노력하고 또 웃으니 자연히 그렇게 되었다. 이왕 삶이 바뀌는 김에 확실히 바꾸고자 전문가 과정을 이수하고 웃음의 전문가로 새로운 도전을 시작했다.

　이제는 웃음으로 행복과 건강을 전하는 전도사로 2008년 말 현재 500여 회 약 5만여 명에게 웃음 강연도 하게 되었다.

　필자가 얻은 웃음의 효과를 되도록 많은 사람들이 공유하고 실천할 수 있도록 노력하고 있다. 웃음은 너무 쉽고 가까이 있다고 생각하지만 실제로 웃으려면 실천하기가 쉽지 않다. 그래서 많은 이들이 강의를 들을 때는 웃어야겠다고 생각하지만 생활화하지 못하고 만다.

　이 책은 읽는 분들이 웃음에 대한 동기부여가 확실하게 되고, 웃음이 삶 속에 들어와 건강과 행복을 회복·유지·향상시키는데 큰 윤활유가 되기를 간절히 바라는 마음으로 쓰게 되었다. 또 생활 속에서 꾸준히 웃을 수 있도록 여러 가지 방법들을 소개하고 있다.

　특히 마음의 상처가 있는 분들, 병약한 몸으로 투병 생활하는 분들, 자존감 상실로 회복을 원하는 분들이 읽고 자신감을 회복하고 건강하고 긍정적인 삶을 찾는데 도움을 주었으면 좋겠다.

　이 책을 발간할 수 있도록 도움을 주신 많은 분들에게 감사를 드린다.

2008년 11월

단풍으로 물드는 도봉산이 한눈에 보이는 곳에서

차례

들어가는 글 _ 3

제1부 희망
Tip 1 생활 속의 웃음 실천하기 _ 10

1. 그래서 웃음 _ 11
2. 숨은 다이아몬드 _ 14
3. 생각의 차이가 만드는 결과 _ 17
4. 칭찬하는 비법 _ 20
5. 나를 먼저 칭찬하라 _ 23
6. 미쳐야 세상을 변화시킨다 _ 26
7. 아주머니 파이팅 _ 28
8. 너무 늦었다고 포기하지 말라 _ 30
9. 꿈을 세우면 이루어진다 _ 33
10. 땅콩 박사 _ 36
11. 1분 웃기의 기적 _ 39
12. 최악의 위기 탈출 _ 42
13. 습득된 절망에서 벗어나기 _ 45
14. 로빈슨 크루소의 감정계좌 _ 48
15. 패치 아담스 _ 51
16. 현재의 조건으로 도전하라 _ 54
17. 링컨 대통령의 웃음 _ 57
18. 웃음으로 성공한 전원주 _ 60
19. 다민족 혼합 시대 _ 63

제2부 존재
Tip 2 생활 속의 웃음 실천하기 _ 68

1. 삶의 의미와 목적 _ 69
2. 사랑과 두려움 _ 72
3. 카르페 디엠 _ 74
4. 임사체험 _ 77
5. 존재의 웃음 _ 80
6. 인생에서 가장 중요한 것 _ 83
7. 용서는 나를 위한 일이다 _ 86
8. 세 가지 버려야 할 부정적 사고 _ 89
9. 고통의 파도가 밀려올 때 _ 91
10. '불구하고'의 감사 _ 94
11. 금이 간 물동이 _ 97
12. 지나가리라 웃음 _ 100
13. 우울증 탈출 _ 102
14. 웃음의 철학 _ 105

contents

제3부 행복
Tip 3 생활 속의 웃음 실천하기 _ 108
1. 웃음의 시작은 감사 _ 109
2. 평안과 기쁨의 에너지 _ 112
3. 10초면 행복해진다 _ 114
4. 걱정 근심과 웃음은 반비례 _ 117
5. 평화의 메시지 _ 120
6. 8만 6천 4백 원 _ 123
7. 생각의 선택 _ 120
8. 화를 없애는 웃음 _ 129
9. 행복의 조건 _ 132
10. 지금 이 순간의 행복 _ 135
11. 표정으로 만드는 행복 _ 138
12. 오늘은 내 인생 최고의 날 _ 141
13. 결심한 만큼의 행복 _ 144
14. 가진 것을 누려라 _ 147
15. 행복의 비결 _ 150
16. 미소호흡 명상 _ 152

제4부 웃음
Tip 4 생활 속의 웃음 실천하기 _ 156
1. 웃음치료의 기원 _ 157
2. 웃음 치료의 정의 _ 159
3. 웃음보에 관한 연구 _ 161
4. 웃음과 안면 피드백 이론 _ 163
5. 건강 웃음의 3요소 _ 165
6. 억지 웃음과 실제 웃음 _ 168
7. 신석기 시대의 미소 _ 170
8. 인생을 행복하게 만드는 미소 _ 174
9. 운동 효과 _ 177
10. 다이어트 효과 _ 179
11. 웃음 내시 _ 181
12. 웃음 운동을 위한 준비 _ 183
13. 웃음 연습 방법 _ 185
14. 창조성을 높여 주는 웃음 _ 188
15. 웃음을 잃어버린 러시아인 _ 191
16. 미래의 트렌드 _ 194
17. 미소 근육을 단련하라 _ 196
18. 스트레스 탈출 _ 199
19. 웃음학회 _ 202

contents

제 5 부 치유
Tip 5 생활 속의 웃음 실천하기 _ 206

1. 진통 효과 _ 207
2. 당뇨병 치료 효과 _ 209
3. 심장병·알레르기 예방 효과 _ 211
4. 스트레스와 신체 변화 _ 213
5. 질병의 근원 스트레스 _ 215
6. 통증 치료제 _ 217
7. 면역력 증가를 위한 웃음 _ 219
8. 웃음과 면역 세계 _ 221
9. 웃음과 흉선학교 _ 224
10. 미사일 부대 B임파구 _ 226
11. 갑상선항진증과 클레오파트라 _ 228
12. 건강의 적 스트레스 _ 231
13. 스트레스 킬러 _ 233
14. 웃음과 21세기 의학 _ 236
15. 플라시보 효과 _ 239
16. 우울증 전성 시대 _ 242
17. 에너지 의학 _ 245
18. 암 학교와 웃음치료 _ 248
19. 1등 항암제 _ 251
20. 웃음과 유전자 _ 254
21. 인류 최고의 명약 _ 257
22. 자연살해 세포 _ 260
23. 웃음 대장금 _ 263
24. 기적의 파워 에너지 _ 266
25. 모르핀 200배의 진통 효과 _ 269

제1부
희망

만족한 삶을 살기 위해서는 늘 긍정의 마음을 가지고 살아야 한다.
부정의 마음을 긍정의 마음으로 변하게 하는 열쇠는 웃음이 가장 빠르다.

Tip 1 생활 속의 웃음 실천하기

1. 아침에 잠을 깨며
   아침에 잠에서 깨어 일어나기 전 두 팔을 뻗어 기지개를 펴고 입을 하마처럼
   벌려 하품을 늘어지게 한 후 이렇게 외치며 웃는다.
   "오늘은 내 인생 최고로 행복한 날이다. 우하하하하하……."
   행복은 내가 매일 매순간 선택하는 것이다. 행복을 부르는 자기 암시이다.

2. 샤워하며
   샤워하며 손을 움직여 몸을 터치할 때마다 소리내서 웃는다.
   한결 더 기분 좋아지고 엔도르핀이 팡팡! ~~ 솟는다.
   "아이구~ 시원해! 해해해해해해~."

3. 양치질하며
   칫솔질하며 이왕이면 소리내서 웃어 보자.
   (하하하하 하하하하/ 헤헤헤헤 헤헤헤/ 호호호호 호호호
   히히히히 히히히/ 후후후후 후후후/…….)

4. 식사할 때
   식사 시작 전에 "감사히 먹겠습니다. 하하하하하하……."
   식사 끝내고 "감사히 먹었습니다. 하하하하하하……."
   즐겁고, 소화 잘되고, 편안한 식사 자리가 되고, 화목한 가정이 될 것이다.

5. 잠자리에 들며
   잠자리에 들자마자 이렇게 외치면서 잠을 청한다.
   "나는 점점 더 좋아지고 있다. 우하하하하하……."
   "내 꿈은 점점 더 가까워지고 있다. 우하하하하하……."
   자기 암시는 놀라운 기적을 나타낸다.
   자신이 간절히 원하는 꿈을 구체적으로 외치며 웃는다.

1

그래서 웃음
So what smile-laughter

　미국의 방송인 가운데 가장 유명한 사람은 오프라 윈프리이다. 그녀는 흑인 빈민가에서 극도로 가난한 미혼모의 딸로 태어났다. 밑바닥 인생의 시작이었다. 열등감 속에 자라나던 그녀는 친삼촌에게 성폭행을 당했고, 14세에 가출하였으며, 임신하여 미숙아를 낳기도 했다. 20대에는 알콜과 마약에 빠져 인생의 구렁텅이로 더 이상 추락할 곳이 없을 정도까지 추락하였다.

　대부분 사람들은 이런 상황에서는 다시 일어설 엄두를 낼 수 없었을 것이다. 그러나 그녀는 다르게 생각했다.

　"그래 나의 악조건과 열등감을 있는 그대로 받아들이자. 그러나 그것이 내 앞길을 좌우할 수는 없지. 이제 새로 시작하는 거야. 흑인이고 가난하고 뚱뚱한데……."

　"그래서? 그게 뭐 어쨌다는 거야?"

"이런 불행에 갇혀 허우적거리진 않을 거야."

그녀는 새롭게 출발했다. 고난을 극복하는 흑인 여성들의 강인한 삶을 다룬 소설을 읽으면서 어려운 상황을 헤쳐 나갈 수 있는 강한 의지를 키웠고, 어떤 불행도 이겨낼 수 있는 긍정적인 사고 방식을 몸에 익히며 자기 앞길을 개척해 나아갔다.

그녀는 자신의 불행을 솔직히 인정하며, 자신처럼 상처받고 방황하는 많은 이들에게 위로자가 되었고, 아프리카에도 학교를 세우고 많은 젊은 이들에게 희망을 심어 주었다. 그녀는 방송국의 소유주가 되었고, 억만장자로 많은 기부를 하고, 아주 큰 영향력을 발휘하고 있으며 미국인들에게 존경받는 여성으로 손꼽히고 있다.

그녀를 이렇게 바꾼 한마디는 "그래서? So what?"이었다.

그녀의 긍정적 웃음은 "그래서의 웃음" So what smile(laughter)이었다.

이승엽 선수가 소속되어 있는 요미우리 자이언츠에는 전설적인 한국인 타자가 있었다. 장훈 선수였다. 그는 어릴 때 교통사고로 넘어지면서 납이 끓고 있는 냄비에 손을 짚어 오른손 손가락이 붙어버렸다.

가난한 조센징이라 일본 의사의 치료도 못 받고 손이 불구가 되었다. 그러나 불굴의 정신으로 왼손으로 공을 받고 던지고 타격을 연습해서 뛰어난 왼손 타자가 되었다.

고교 때 일본 전국 고교야구 대회인 고시엔 대회에 조선 사람이라는 이유로 감독이 출전을 시키지 않는 차별 대우를 받았다. 프로에 진출해서는 발군의 타격 실력을 나타내 일본 프로 야구에서 최초로 3,000안타를 칠 날이 가까이 왔다. (참고로 우리나라 최다 안타는 2007년 여름 양준혁 선수가 2,000안타 돌파하였음.)

그러나 요미우리의 감독은 장훈 선수에게 3,000 안타 치기 전 귀화를 끈질기게 종용했다. 마음에 번민이 가득했던 장훈 선수는 어머니 박순복 여사에게 전화를 걸어 괴로운 심경을 토로했다. 다 듣고 난 어머니는 너털웃음을 웃고 나서 이렇게 이야기했다.

"그래서? 우짤낀데……. 그걸로 마음 약해질 꺼면 당장 보따리 싸 갖고 내려온나!"

어머니는 단호했다. 장훈 선수는 요미우리 구단을 떠나 한국인이 구단주로 있는 롯데로 옮겨 선수 생활을 계속했다.

드디어 3,000안타를 치는 날 타석에 들어섰을 때 3만 관중은 장훈 선수에게 비난의 목소리를 퍼부었다. 도저히 타격을 할 수 없게 된 장훈 선수는 타석을 물러나와 3만 관중을 천천히 응시했다.

그때 어머니의 웃음이 생각났다. "그래서? 우짤낀데……."

그는 관중에게 의미 있는 웃음을 던지며 타석에 들어서서 멋지게 우측 펜스를 훌쩍 넘기는 홈런으로 3,000안타의 대기록을 작성했다. 그는 베이스를 돌면서 호탕하게 웃으며 이렇게 외쳤다.

"그래서? 나는 조센징이다. 그래서? 우짤낀데……."

그래서의 웃음은 우리 인생에서 힘들고 상처받고 고통이 올 때마다 우리를 새롭게 일으켜 세우고 인생역전의 기적을 창출해 준다.

오프라 윈프리처럼, 장훈 선수처럼…….

숨은 다이아몬드

2007년 6월 영국의 스타 발굴 프로그램 브리튼즈 갓 탤런트Britains Got talent에 좀 못 생기고 어리벙벙해 보이는 40세가 훨씬 넘어 보이는 남성이 출연했다. 예심에서 자신의 순서가 되어 심사위원 앞에 섰는데 촌스러운 외모를 가진 그에게 심사위원들은 몇 가지 질문을 던졌다.

"무엇을 부르실 건가요?"

별로 관심을 두지 않는 듯 툭 던진 질문이었다.

"오페라를 부르려는데요."

앞니가 벌어져 부끄러운 듯 쑥스럽게 대답했다.

"당신은 핸드폰 가게 외판원이라죠?"

심사위원 중 한 명은 거만하게 다시 물어 보고 "어디 한번 들어봅시다" 하며 별로 관심이 없는 듯 턱을 고이고 무시하듯 포즈를 취했다.

반주가 나오고 드디어 노래를 부르는 순간 심사위원들은 갑자기 눈을 동그랗게 뜨고 자세를 고치고 그의 노래에 빨려 들어가기 시작했다.

관중들은 숨을 죽이고 듣다가 중간 중간에 환호의 박수를 보냈으며 곡이 끝났을 때는 모두 일어나 기립 박수로 열렬히 환대해 주었다. 감동해서 눈물을 흘리는 관중들의 모습도 보였다.

심사위원들은 찬란히 빛날 숨은 다이아몬드를 발견했다고 칭찬하며 심사위원 세 명 모두 만장일치로 준결승에 진출을 허락했다. 여자 심사위원은 온몸에 소름끼치도록 잘 불렀다고 극찬을 했다.

그는 준결승에서 Time to say Good bye를 불러 극찬 속에 결승에 진출했고, 결승에서 맨 마지막으로 출전해 "공주는 잠 못 이루고"를 불러 대망의 우승을 차지했다. 그의 이름은 폴 포츠이다.

그 후 그의 스토리는 많은 이들에게 감동을 선사했다. 그는 어린시절부터 오페라 가수가 꿈이었다. 그는 청운의 꿈을 꾸고 이탈리아에 유학했으나 뜻하지 않은 악성 종양으로 투병생활을 해야 했고, 외모가 망가지는 교통사고의 불운을 겪었고, 빚더미 속에 올라앉으며 고난의 세월을 보냈다.

그는 꿈을 이루기 위해 오페라단의 문을 노크했으나 그의 못생긴 외모에 늘 퇴짜를 맞았다. 그러나 그는 꿈을 포기할 수 없었다.

핸드폰 외판을 하며 열심히 노력을 했고 드디어 스타 발굴 프로그램을 통해 많은 이들에게 감동을 주며 새로운 인생을 시작하게 되었다. 그는 그 후 15개국을 다니며 순회공연을 가졌고, 오프라 윈프리 쇼에 출연하기도 했으며 세계 유명 프로그램에서 출연 러브콜을 받는 유명 인사가 되었다.

그의 데뷔 앨범인 "One chance"는 영국 내에서 2주 만에 30만 장 이상의 판매고를 기록했고, 우리나라에서도 4만 장 정도가 팔려 팝 앨범

중 최고의 판매고를 기록했다.

폴 포츠의 인생 드라마는 세상의 편견과 무시와 인생의 장애를 꿈과 열정으로 극복할 수 있음을 보여 주었기에 아낌없는 박수를 받고 있다. 그는 2008년 5월 3일 한국에도 와서 이화여자대학교 대강당에서 공연을 하였다.

핸드폰 외판원에서 세계적 팝페라 가수가 된 폴 포츠, 그가 준 감동과 희망의 메시지는 우리의 삶에 진한 감동으로 다가온다. 그는 이제 늘 자신감을 가지고 웃는 자신을 발견한다.

그의 모든 불행을 이기게 한 긍정의 마음과 꿈을 향한 열정, 이것은 누구에게나 성공을 약속한다.

긍정의 마음의 표현은 웃음이다.

웃음은 열정이 없이 꾸준히 지속할 수 없다.

성공을 부르는 웃음은 지금 이 순간 내가 표현해야 할 가장 적극적인 방법이다.

우리는 열정을 부르고 행복을 부르는 웃음에 왜 인색할까?

생각의 차이가 만드는 결과

　죄수 두 명이 한 감방 안에 수감되었다. 그 감방에는 약간 높은 위치에 창이 하나 있었는데 두 죄수는 밤마다 그 창을 바라보았다.
　한 죄수는 창문에 박혀 있는 굵은 쇠창살을 보며 절망하며 지냈으나 다른 죄수는 그 창을 통해 별과 달을 보며 석방 후 해야 할 소망들을 일구어 나갔다. 한 죄수는 질병을 얻어 석방되었고 다른 죄수는 인생의 값진 교훈을 얻어 석방되었다.
　같은 사물을 바라보는 시각은 사람마다 다르다. 긍정적으로 보든지 아니면 부정적으로 본다.
　알렌과 클린턴은 대학시절 기숙사 룸메이트였다. 알렌은 신문학 전공으로 공부도 잘했고 집안 배경도 좋았다. 반면 클린턴은 성적도 뒤떨어졌고 집안 환경도 불우했다. 클린턴은 이복 동생들을 돌보며 무너져 가는 집안을 일으키기 위해 열심히 일했다.
　그러나 알렌은 젊어서 자살했고, 클린턴은 친구 알렌이 죽은 지 21년 후 미국의 대통령이 되었다.

무엇이 이 젊은이들의 앞날을 만들었을까? 알렌은 모든 상황을 심각하게 생각하고 주위 여건을 부정적인 시각으로만 보았다고 한다. 특히 월남전에서 죽은 병사들을 보고 쇼크를 받아 매사에 비관적이고 부정적인 사고방식으로 살았다.

반면 클린턴은 비록 어려운 환경이지만 현재의 여건 속에도 감사하며 희망적이고 긍정적인 사고방식을 가지고 살았다. 단지 그 차이가 있을 뿐이다.

부정적으로 보는가? 아니면 긍정적으로 보는가?

부정적인 감정이나 긍정적 감정은 결국 생각이 만들어 낸 결과이다. 그래서 우리는 어떤 상황을 맞았을 때 어떻게 생각하느냐가 매우 중요하다. 우리에게 다가온 사건은 모두 객관적으로 보면 부정적인 것도 긍정적인 것도 아니다. 그렇지만 이것을 보는 우리의 생각이 결정을 한다.

따라서 어떤 문제가 다가오더라도 항상 긍정적인 생각을 가지고 "잘 될 거야", "행복할 수 있어"라고 생각하는 습관을 만들어야 한다.

이렇게 생각할 수 있는 습관을 만드는 데는 웃음이 매우 중요한 역할을 한다. 웃으면 일단 앞에 있는 문제로부터 한걸음 뒤로 물러서서 보게 된다. 그만큼 여유가 생긴다. 그리고 심각하고 긴장했던 몸과 마음을 이완시켜 준다. 스트레스 호르몬을 중화시키고 생산량을 감소시키며, 자율신경 중 부교감 신경을 활성화시켜 안정감을 찾게 된다. 정신적으로 안정감과 여유는 긍정적인 생각과 습관을 이루어 가게 한다. 그리고 모든 일에 적극적인 생각을 하게 해준다.

살찐 자신의 몸매에 늘 열등감을 가진 여자가 있었다. 그녀는 욕실에서 거울 보는 일을 매우 싫어했다. 그녀의 삶은 부정적이고 피곤했다. 그녀는 삶의 변화를 주고 싶어 웃기 시작했다. 그 후로 그녀는 웃는 모습이 예쁘다고 직장에서 칭찬을 자주 받게 되었다.

어느 날 평소대로 욕조에서 나오며 거울을 보지 않으려 했는데 김이 서려 제대로 보이지는 않았지만 거울 속에 비친 자신의 모습을 무심코 보게 되었다. 그런데 평소에 자신이 생각했던 몸매와는 다른 아주 괜찮은 몸매의 자신이 거울 속에 비치고 있었다. 그녀는 더욱 기분이 좋아 막 웃었다. 사실 그녀의 몸매는 변하지 않았다. 그녀가 본 것은 자신이 만들어 낸 생각 속의 자신의 모습이었던 것이다. 그녀는 콤플렉스에서 벗어났고 행복했다.

웃음이 그녀를 긍정적인 사람으로 변하게 했고 행복하게 만들었다.

칭찬하는 비법

그녀가 나치 수용소에서 석방된 것은 갓 스물을 넘긴 어느 날이었다. 그녀는 빗지 않은 헝크러진 장발머리에 우뚝한 코, 옴팡진 눈에 깡마른 체구로 정말 볼품이 없었으며 가진 것은 지하철 승차권 한 장뿐이었다.

그녀가 지하철을 타고 배가 고파서 무작정 찾아간 곳는 파리의 생제르맹 거리에 있는 카페 "플라"였다. 노래를 잘했던 그녀는 그 곳에서 빵을 얻어먹는 대가로 노래를 불렀고 그래서 무명 가수 생활이 시작되었다.

이 카페는 샤르트르를 중심으로 철학자들이 모여 담화를 나누는 실존주의 철학 카페였다. 어느 날 그녀는 샤르트르의 눈에 띄게 되었다. 그리고 샤르트르는 그녀를 이렇게 칭찬했다.

"네가 저음을 낼 때는 너의 눈에서 마치 1만 볼트 전압이 방사되는 것 같아."

그녀는 이 말을 듣고 잠을 이룰 수가 없었다. 자신의 매력과 장점을 발견한 것이 그녀가 피나는 노력을 하는 계기가 되었다. 그녀가 바로 그 유명한 프랑스의 국민가수 저음의 샹송가수 줄리엣 그레꼬이다. 우리에게 낙엽(고엽)이라는 노래로 잘 알려진 가수이다.

미국의 심리학자 린다와 아론손linda & aronson은 어떤 칭찬이 가장 효과적인지 연구를 했다. 먼저 다른 사람이 자신에 대해서 하는 이야기를 숨어서 엿듣게 하였고 후에 자신에 대해 이야기한 사람들을 평가하도록 했다. 이 연구에 의하면 시종일관 칭찬만 하는 사람보다는 처음에는 냉정한 비판을 하다가 결론적으로 칭찬하는 사람에 대해서 더 호의적이고 믿을 수 있는 사람이라고 응답했다.

칭찬거리만 가지고 있는 완벽한 사람은 이 세상에 아무도 없다. 그걸 알고 있기에 사람들은 오히려 비판과 함께 칭찬을 좋아하는 것이다. 그래서 칭찬의 비법 중에서 비판은 20~30%, 칭찬은 70~80%로 하며 처음에는 비판을 먼저 하되 나중에는 칭찬으로 끝내라고 한다. 그리고 칭찬은 진심을 담아야 한다. 진심을 담지 않고 입으로만 칭찬하는 것은 상대방도 금방 안다. 항상 상대방의 가치관과 그 만의 장점 또 그 사람이 브랜드가 될 만한 인품 등을 잘 관찰해 마음에 새겨두게 되면 진심을 담은 적절한 칭찬이 나오게 될 것이다. 또 이것은 상대방이 미처 모르고 있던 부분이거나 반대로 생각하고 있던 부분을 올바로 잡아 주는 긍정적인 역할도 할 수 있다.

사람들은 누구나 웃는 얼굴을 원하지만 환경이나 상황이 우리의 웃음을 빼앗아 버렸다. 그러나 내가 먼저 웃고, 웃는 상대방을 칭찬하면 그의 웃는 본능이 살아날 것이다.

잘 웃지 않는 사람에게도 "한 번씩 웃는 모습이 참 보기 좋네요." "웃는 모습이 너무 멋있어요." "웃으니까 저를 편안하게 해주네요"라고 칭찬하면 한층 밝아지고 웃게 될 것이다. 실수하는 일도 긍정의 눈으로 보면 야단치기보다 칭찬으로 바꾸어 말할 수 있고 우리의 실패나 실수를 이겨낼 수 있는 힘이 될 수 있다.

"칭찬은 나를 긍정적으로 지배하는 하나의 도구이다"라는 유태인의 속담이 있다. 앞에 당사자가 없더라도 칭찬을 아끼지 말아야 한다. 앞에 있는 당사자를 칭찬하는 것은 여러 가지 의도와 목적이 있을 수 있지만 제3자를 통해 듣는 칭찬은 의도와 목적이 배제된 칭찬이 된다. 이것은 고도의 칭찬 기법이라 할 수 있다. 감사와 칭찬은 웃음에 있어서 마르지 않는 샘물이다.

나를 먼저 칭찬하라

 감사가 웃음의 내면이라면 칭찬은 내면을 표현으로 이끌어 내는 것이다. 우리가 스스로의 장점을 알지 못하고 자신의 현재를 칭찬할 수 없다면, 불평불만에서 헤어나오지 못할 것이다. 칭찬도 감사와 마찬가지로 자신에게, 타인에게 또 모든 생물에게 다 적용된다.

 미국의 한 학자가 난초를 대상으로 실험을 했다. 실험하기 전에 난초의 생체 에너지를 측정했더니 200R이었다. 그리고 나서 난초에게 "우와! 너무 예쁘다. 아이구 예뻐!"라는 말로 칭찬을 했더니 생체 에너지가 225,000R로 급상승했다. 이번에는 "예쁘지도 않은데 갖다 버려라"고 했더니 난초의 생체 에너지는 20R로 떨어졌다. 칭찬은 식물에게도 긍정적 에너지를 부여하는 강력한 힘이 있다.

 자신에게도 "나는 내가 참 좋다. 나는 내가 아무 조건 없이 참 좋다"라는 말을 매일 반복해 주면 자부심을 높여 주고 긍정적 에너지로 충만하여 힘찬 하루를 살아가는 자신감이 생긴다. 따라서 하루종일 웃으며 여유롭게 사는 에너지를 이 말에서 얻을 수 있다.

칭찬은 성장의 귀한 자양분이다. 그리고 다른 사람들에 대한 진심이 깃들어 있는 칭찬은 자신의 마음을 열게 하고 또한 상대방의 마음도 열게 한다. 칭찬과 인정을 받았을 때 가장 자연스러운 웃음이 나온다고 한다. 칭찬 한마디는 상대방의 존재를 인정하는 것이다.

철학자 존 듀이는 인간이 갖는 가장 근원적인 충동은 "중요한 사람이 되고자 하는 욕망"이라고 했다.

윌리암 제임스 교수는 "인간성의 근원을 이루고 있는 것은 타인에게 인정받고 싶은 소망"이라고 했다.

미국 애틀란타 컨설팅 그룹의 하일러 브레이시 사장은 직원들을 칭찬하고 격려하려고 다짐했지만 실천이 잘 되지 않자 이런 방법을 사용했다. 먼저 출근 전에 동전 다섯 개를 왼쪽 호주머니에 넣고 와서 칭찬할 때마다 동전을 한 개씩 오른쪽 호주머니로 옮기고 다 옮기면 왼쪽으로 다시 옮기는 방법으로 칭찬하는 것을 습관화했다. 그는 동전만 보면 누구를 어떻게 칭찬할까 하며 늘 노력하였다고 한다. 칭찬과 격려의 습관을 들이기가 쉽지 않지만 이런 습관이 체질화되면 사람을 바라보는 놀라운 시각을 갖게 된다.

내가 웃기 위해서는 제일 먼저 나를 칭찬해야 한다. 모든 웃음의 가장 중심에는 자기 존중, 자기 사랑이 있어야 한다. 자존의 마음에서 감사, 칭찬, 용서가 이루어질 수 있고 진정한 웃음의 세계가 펼쳐질 수 있다. 자기부터 칭찬하라. 나를 칭찬하지 않고 남을 칭찬했을 때 오는 공허감이 매우 크기 때문이다. 남을 향한 칭찬의 노하우는 나를 칭찬하는 노하우에서 나온다. 매일 "나는 내가 참 좋다"라는 칭찬은 자부심과 자신감을 높여 주는 최고의 말이고 자기 암시의 효과는 평생 마르지 않는 웃음의 샘물로 솟아오를 것이다.

웃음은 영혼의 음악이라 한다. 칭찬받고 칭찬하는 건강한 영혼에서 아름다운 음악이 흘러 넘치게 하자.

미쳐야 세상을 변화시킨다

미치도록 몰입하면 개인의 운명을 바꾸고 역사의 물줄기를 돌려 놓는다. 우리는 미쳐서 세상의 역사를 돌려 놓은 이들을 너무나 많이 만날 수 있다.

파블로는 곤충에, 에디슨은 전기에, 스필버그는 영화에 미쳤고, 마더 테레사는 인도 빈민들에게, 슈바이처는 아프리카 병자들에게, 타이거 우즈는 골프에, …… 세상은 미친 사람들에 의해 이끌려 간다.

20세기를 대표하는 첼로의 거장 파블로카잘스는 첼로에 그리고 바흐에 미친 사람이었다. 그는 97세까지 살았는데 95세가 넘어서도 오전 동안 첼로를 연습했다고 한다. 그의 육체는 이미 노쇠하여 활동하기도 힘든 상태였다. 아침에 침대에서 일어나기도 힘들어 그가 80세에 결혼한 60년이나 젊은 부인(마르타 몬테스)에게 부축을 받으며 겨우 일어났으며, 부인의 도움 없이 첼로 앞으로 걸어가기도 힘든 상태였다.

그렇지만 첼로를 연주할 때는 젊은 시절의 열정이 그대로 살아났으며 연주 후에는 몇 시간 동안 활기를 찾아 식사와 대화도 왕성하게 하였다.

무엇에든 미치면 심신의 활력이 되살아난다. 우리는 이것을 열정이라고도 말하며 긍정 심리학의 대가 미하이 척센트 미하이는 이를 몰입Flow이라고 표현했다.

미친 사람은 자신도 행복하다.

스필버그도 "쥬라기 공원"을 촬영할 때 세계가 이 영화를 보고 기립박수할 것을 상상하면 잠을 잘 수 없었고, 빨리 영화 촬영을 할 생각으로 아침식사도 할 새 없이 새벽에 출근해서 영화를 찍고 밤늦게 혼자 남아 더 이상 찍을 수 없을 때까지 몰입하여 쥬라기 공원이라는 대작이 탄생하였다고 한다.

필자는 웃음으로 많은 통증이 감쪽같이 사라지고 나서 웃음에 미친 적이 있었다. 집에서도, 운동하면서도, 직장에서도, 출퇴근하며 차 속에서도 계속 웃었다. 그래서 현재까지 500여 회 웃음 치료 강연을 하며 계속 웃고 있다. 천변에서 산책하며 웃을 때 정말로 미친놈 취급을 받은 적도 있다. 그래서 지금은 소리를 내지 않고 웃는다.

이왕이면 웃음에 미쳐 보자. 미치면 행복한데 웃음에 미치면 더욱 행복하다. 많은 엔도르핀이 생성되어 많은 질병(특히 현대병)을 예방, 치유해주고 자신감을 회복시켜 주고 눈앞의 걱정, 근심, 염려를 멀리 떨어지게 하고 눈앞의 큰 스트레스를 아주 작아지게 하며 집중력과 창의력과 생산성을 높여 주는 놀라운 효과가 있다.

우리가 웃음에 미치면 세상이 변한다.

우하하하하하하하하…… 호호호호호호호호호…….

아주머니 파이팅

6월의 중랑천 다리는 양쪽 난간에 피어난 피튜니아 꽃의 하양, 분홍, 선홍색 붉음으로 어우러져 매우 아름답다.

웃음 치료 전문가라는 사람이 이 아름다운 다리를 그냥 갈 수 있겠는가? 꽃들을 향해 연신 사랑해! 고마워! 감사해! 하며 인사하고 미소를 보내며 걷는다. 이 꽃은 가을까지 계속해서 핀다고 하는데 꽃의 생명력이 나에게 감동으로 남는다. 다리를 다 건널 때쯤 잘 모르는 아주머니가 급히 자전거에서 내려 나에게 환한 미소를 보낸다.

"웃음 선생님 맞죠?"

나에게 웃음 치료 강의를 들은 분이구나 하며 자세히 보니 기억이 난다. 몇 달 전 J복지관에서 주관하는 가사 도우미 친절 교육에 첫 날과 마지막 날 2시간씩 강의할 때 뒤에서 열심히 메모하던 아주머니였다.

40대 중반쯤 되어 보였는데 다리를 심하게 절면서 다가왔다. 그리고는 덥석 내 손을 잡으며 "고맙습니다"라고 인사를 하는 게 아닌가?

"선생님 덕분에 우리 집이 행복해졌어요"라고 진심어린 감사의 말을 들으니 갑자기 마음속으로 감동이 밀려왔다. 그리고 행복한 모습으로 그 연유를 짧게 들려주었다.

이분은 소아마비로 자존감에 많은 상처를 입고 늘 위축되어 살아왔다. 결혼해서 아이들을 낳아 학교 보낼 때까지 너무너무 힘이 들어 자살도 많이 생각했는데 어쩔 수 없이 우울한 날을 그냥 보내고 있었다. 생계를 위해 가사 도우미로 나가기 위해 교육을 받던 중 처음 실시하는 웃음 치료 강의와 실습을 듣고 따라했다.

"나도 웃으니 웃을 수 있네?"

그 동안 잃어버린 웃음을 다시 찾아야겠다는 결심을 하고 집 현관에 웃음 선을 테이프로 붙이고, 아들과 함께 웃기로 작정하고 실행에 옮겼다. 며칠을 웃다 보니 점점 마음이 밝아지고, 아들도 곧잘 따라하며 명랑해지기 시작했다. 웃음 버튼, 웃음 방석도 만들어 시행하고 딸도 함께 참여해 웃기 시작했다. 몇 주가 안 되어 집안 분위기는 침울함에서 벗어나 즐겁게 변하기 시작했다. 물론 식사 전후에도 "감사히 먹겠습니다", "감사히 먹었습니다"를 외치며 1분 이상 웃는다. 이제는 남편도 쑥스럽지만 참여하게 되어 온 가족이 웃음의 효험을 실제로 느끼게 되었다고 한다. 그리고 자신은 자전거를 타고 출퇴근하며 계속 소리내서 웃고 다닌다고 한다. 필자 사무실 앞을 지나갈 때는 더 크게 웃고 지나간다고 한다.

강의를 듣고 실제 생활에 적용하기는 그렇게 쉽지 않다. 쉬울 것 같지만 바쁜 일상에 휘둘리다 보면 못하고 며칠씩 지나간다. 이분을 만난 후 이런 분들을 위해 강의 때마다 최선을 다한다. 그리고 이런 가정이 강의 때마다 한두 가정씩만 생겨나기를 기도한다. 아주머니 파이팅!

너무 늦었다고 포기하지 말라

우리가 흔히 착각하는 것 중에 하나가 성공한 사람들은 대개 처음부터 좋은 환경이나 유리한 입장에서 출발했으리라고 단정하는 것이다. 다른 사람에게 없는 그들 만의 수단과 기회와 환경이 있었을 것이라고 지레 짐작한다.

또한 우리가 무엇을 하지 못하는 이유가 너무 늦었기 때문에, 또는 가진 것이 없기 때문에, 몇 번의 실패를 해봤기 때문에 등의 이유로 도전해 볼 의지를 가지지 못하는 경우도 많다. 그러나 이 사람을 한번 살펴보라.

그랜마 모세는 열 명의 형제들이 있었고 너무 가난하여 교육을 받지 못하고 농장 일을 도왔다. 12세에 부모를 떠나 다른 농장에서 일하였고 27세에 토마스 모세와 결혼하였다.

그녀는 10명의 자녀를 낳았으나 다섯 명을 잃는 슬픔 가운데도 열심히 농장 일을 하며 자녀를 키웠다. 67세에 남편과 사별하고 70세까지 관절염이 너무 심해 도저히 농장 일과 바느질도 할 수 없을 정도의 할머니였다. 그러나 그녀는 그때부터 그림을 그리기로 결심을 했다.

처음에는 그림엽서를 베끼면서 그림 연습을 시작하여 80세에 첫 번째 전시회를 가졌다. 정규 미술 수업을 받지 않은 화가들의 그림을 나이브 아트Naive Art라고 하는데 그녀는 90세가 넘어서 인정받기 시작했고 나이브 아트의 일인자로 자리잡기 시작했다.

그녀의 그림은 평생을 살아 오면서 바라보았던 풍경을 그림으로 옮겼으며 "크리스마스 풍경", "마을 사람들 모습", "농장의 사계", "추수하는 모습" 등 23년간 101세로 세상을 떠날 때까지 1,600점의 민속화를 남겼다.

놀라운 일은 세상을 떠나던 해 1년간, 그녀의 나이 101세에 그린 그림만 25점이었다. 그녀가 100세 때 뉴욕시에서는 그녀를 위한 기념일을 제정하였으며 미국 최고의 민속화가 중 한 명으로 추앙받게 되었고 그녀의 그림은 현재 한 점당 수십만 달러에 팔린다고 한다.

그녀에게 좋은 환경이나 유리한 입장은 아무것도 없었다. 또한 남들이 다 늦었다고 포기하는 70세 할머니로서 새로운 인생에 도전한 것이다.

20~30대 된 젊은이들이 그림이나 음악을 하려할 때 우리는 보통 이렇게 이야기한다. "어릴 때부터 해도 성공하기 어려운데 너무 늦었어.", "아무나 되는 줄 알아?"

그러나 시기는 문제가 아니다. 열정이 있으면 무엇이든 이룰 수 있다. 우리에게 문제가 있다면 단 한 가지, 열정이 부족하다는 것뿐이다. 열정을 식히지 않고 계속 불사르기 위해서는 쉬지 않고 "나는 할 수 있다." "나는 하고야 만다"라고 자기달성 예언, 자기암시를 불어넣어야 한다.

자기암시를 할 때는 웃음으로, 긍정적인 생각으로 해야 한다.

웃음은 자신감을 불어넣어 주고 창조적 능력을 생성케 한다.

웃음은 좌뇌와 우뇌를 골고루 활성화시켜 주기 때문이다.

웃음은 불행하거나 역경의 사건들을 헤쳐 나갈 힘과 능력을 제공한다.

웃음은 상처난 자존감을 회복시켜 미래의 꿈을 향해 나가게 한다.

그랜마 모세는 이렇게 이야기한다.

"삶은 당신이 만드는 것이다. 이전에도 그랬고, 앞으로도 그럴 것이다."

웃음으로 창조적인 우리의 삶을 만들어 가자.

하하하하하하하하하하하…….

아직 늦지 않았다!

꿈을 세우면 이루어진다

샌프란시스코는 바다와 산과 도시가 잘 어우러진 아름다운 도시이다. 그중에도 샌프란시스코를 가장 아름답게 하는 것이 금문교가 아닌가 한다.

바다 물범들이 늘어지게 낮잠 자는 pear 39에서 배를 타고 이 금문교 관광을 나서면 이 아름답고 웅장한 다리를 어떻게 만들었을까? 하는 경이로움에 사로잡힌다. 그것도 지금부터 70년 전에 만들었다니…… 정말 뛰어난 작품이다.

이 다리는 두 개의 탑과 두 개의 케이블로 만들어졌다. 탑 높이는 227m이고 케이블 한 개의 길이는 1.6km, 직경은 92cm이며 무게는 10,900톤이라 한다. 이 케이블로 지탱하는 다리 위로 매년 수백만 대의 자동차가 지나다니고 있다.

그런데 실제 이 케이블은 연필심 정도의 굵기밖에 안 되는 철사로 구성되어 있다고 한다. 이 철사를 452개씩 묶어 1개 봉을 만들고 이 봉을

제1부 희망 33

61개 만들어 묶어 직경 92cm의 케이블이 완성된 것이다.

이 케이블은 27,572개의 가는 철사로 구성된 것이다. 수만 톤의 무게를 견뎌야 하는 이 케이블은 가는 철사를 묶어 가능하게 된 것이다.

사람은 크든 작든 누구나 꿈을 가지고 있다. 그러나 그 꿈을 이루고 사는 사람은 의외로 적다. 꿈을 향해 걸어갈 때 예상치 못한 장애물을 만나기도 하고 인내력이 부족해서 좌절도 하고 자신이 게을러 앞으로 전진하지 못하며 점차 꿈은 사라지고 현실의 쳇바퀴에 안주하며 지내는 자신을 보게 된다.

『큰 바위 얼굴』, 『주홍글씨』의 저자 나다니엘 호손은 이런 이야기를 했다.

"인생은 단 한번 뿐이다. 목표를 붙잡고 늘어지는 순간 모든 장애물은 맥을 못추기 시작한다."

호손은 10년간 다니던 직장(세일럼 세관)에서 어느 날 갑자기 쫓겨나게 되었다. 막막한 생계에 실의와 좌절에 빠져 있는 그에게 그의 부인(소피아 피보티)은 아무렇지도 않은 듯 웃으며 기뻐하였다. 그리고 펜과 원고지 그리고 약간의 돈을 보여 주며 격려하였다.

"이제부터 귀중한 시간을 얻었으니 당신이 쓰고 싶어 하는 소설이나 마음껏 써 보세요."

새로운 목표를 붙잡고 열정을 되찾은 호손은 2년 만에 『주홍글씨』를 발표하여 작가의 대열에 합류하게 되었다. 실직의 장애물은 맥을 못 추고 평소의 꿈을 그는 짧은 시간에 이루어냈다.

우리가 접어 두었거나 잊혀졌던 꿈을 다시 한번 생각해 보자. 그리고 꿈을 이루기 위해 지금 내가 해야 할 가장 작은 일을 하나씩 해보자.

금문교 케이블은 가는 철사가 27,572개 모여 이뤄지듯 이만 번의 단계를 거쳐 그 꿈을 이루어 보자.

"티끌 모아 태산"이고 "천릿길도 한 걸음부터"라는 속담대로 실천해 보자.

꿈의 나라에 도달케 하는 다리를 하나하나 만들어 가자.

웃으면 우리에게 건강의 복이 오고, 행복이 온다고 한다. 그러나 웃는다고 단숨에 이루어지지는 않는다.

가는 철사가 27,572개나 모여 다리를 드는 케이블이 되듯 하루하루 웃음을 쌓아가야 우리 인생의 건강과 행복을 지탱하는 웃음의 케이블이 형성된다. 이 목표를 향해 매일 웃음을 붙잡고 늘어지면 장애물은 어느덧 사라지고 행복하고 건강한 자신이 된다.

작은 것 하나하나를 충실히 이행해 나가면 어느 순간 목표가 눈앞에 와 있음을 보게 될 것이다.

벌판의 풀을 베는 농부는 벌판 끝을 바라보지 않는다고 했다. 자기 앞에 있는 풀을 조금씩 베어 나갈 때 어느덧 넓은 들의 풀을 다 벨 수 있게 된다.

잊었던 꿈을 향해 다시 한 걸음을 떼는 오늘이 되기를 바란다.

그리고 웃음의 티끌을 한번 더 쌓는 하루가 되기를 바란다.

하하하하하하하하하하하…….

 10

땅콩 박사

　세계적으로 가장 위대한 발명가를 꼽으라면 아마도 에디슨을 꼽는데 주저하지 않을 것이다. 그만큼 인류 역사에 편익을 위해 많은 발명을 했으며 특허도 많이 냈고, 기업으로 부도 많이 쌓았다.

　그러나 에디슨보다 더 훌륭하고 그의 발명에 필적할 만한 발명가가 있는데 그 이름은 조지 와싱턴 카바이다. 그는 300가지 이상의 발명을 했고 진정으로 미국 남부를 해방시킨 노예였으며 수많은 발명품의 특허권을 일체의 보수를 받지 않고 그냥 나누어 주었다. 그래서 그는 미국 역사상 가장 특출한 발명가로 모든 미국인들의 존경을 한몸에 받고 있다.

　그는 남북전쟁의 초기에 한 흑인노예의 몸에서 태어났는데 어느 해인지 자신도 알지 못했다. 그는 태어날 때부터 몸이 허약하고 환경도 열악해서 사람들은 그가 사람 구실도 못하고 일찍 죽으리라고 예상했다. 그런데 그는 기적적으로 죽지 않았다. 개돼지 만도 못한 처참한 환경과 차별을 받으며 자라났으니 그의 정신과 건강은 보통 사람 같으면 뒤틀리고 병들 수밖에 없었을 것이다.

그러나 그는 그런 인물로 자라지 않았다. 자기를 개돼지 만도 못하게 대우하는 사람들에게 적의를 품기보다 호의로 대했으며, 그의 환경은 어두웠지만 마음은 언제나 희망과 광명으로 가득 차 있었다.

그는 힘든 고생을 하며 독학으로 서른 살이 훨씬 넘어서 학업을 마칠 수 있었다. 이곳 저곳으로 흑인 소년이 공부할 수 있는 학교를 기웃거리며 공부에 대한 열정을 불태웠고, 남의 집 추녀 밑에서 노숙자로 전전했다. 굶주림과 헐벗음은 매일 그의 일상이었다. 그러면서도 조금도 뜻은 굽히지 않고 배움의 길로 찾아 다녔다.

그의 피눈물나는 노력은 아이오와 농과대학을 졸업하고 "타스키기" 흑인 학교에서 학생들을 가르치면서 열매를 맺기 시작했다. 그의 놀라운 창의력이 불붙기 시작하여 찬란하게 빛을 발하기 시작했다.

당시 남부지방은 오랫동안 목화만 재배하여 땅이 황폐하였다. 카버는 황폐한 땅을 개량하여 다시 회복시킬 수 있는 새로운 품종의 작물을 찾아냈다. 그것이 바로 땅콩이었고 그래서 그가 땅콩 박사라는 별명을 얻게 된 동기이다.

그는 식물 속에서 일어나고 있는 화학작용을 누구보다도 많이 알아냈으며 식물을 식생활에 이용하는 방법도 그만큼 많이 알아 낸 사람도 없었다. 그는 쓰레기가 쌓여 있는 실험실에서 녹슨 냄비와 내다버린 병으로 만든 실험기구를 가지고 물질을 분석하기도 하고, 그 물질들을 화학적으로 결합하여 새로운 식료품, 의약품, 건축재료, 학용품, 생활용품 등을 만들었다.

그는 진흙 속에서 색소를 빼내 그림도 그리고, 땅콩으로 파이, 버터,

구두약, 물감 등을 만들기도 했고 잡초를 가지고 샐러드를 만들었는데 그의 요리법은 호텔에서도 이용되었다. 그 후 에디슨 연구소로부터 연봉 10만 달러를 주겠으니 와달라는 초청을 받았으나 즉석에서 거절했다.

그는 어찌나 바쁜지 결혼할 틈도 없었다. 그렇지만 어떤 사람이 꽃씨를 보내 달라고 하면 만사 제쳐 놓고 꽃씨를 구해 보내 주었으며, 어느 집 앞을 지나다가 그 집 뜰에 핀 장미가 생기가 없어 보이면 으레 그 집 주인을 찾아 그 장미가 무슨 병에 걸렸으니 어떤 조치를 취하라고 일러 주곤 하였다.

그의 공적은 남부 연방정부의 가정들에게 광명을 주었으며, 그의 명성은 점점 알려져 쿨리지 대통령과 프랭클린 루스벨트 대통령도 그의 집을 방문하였다. 그는 미국 정부뿐만 아니라 여러 외국 정부들의 고문역으로 추대되었으며 포드, 간디 등은 그의 절친한 친구들이었다. 그리고 흑인들이 백인들과 어깨를 나란히 하여 평화롭고 평등하게 살 수 있는 날을 앞당기는데 누구보다 큰 공헌을 하였다.

그를 이런 인물로 만든 것은 긍정의 힘이었다. 그리고 동족을 사랑하고 나라를 사랑하는 마음이었다. 그는 "내가 배운 것을 내 동족에게 나누어 주어야 해"라는 나눔의 사명으로 살았기 때문에 엄청난 부를 누릴 수 있는 특허권을 모두 무료로 제공하여 주었다.

긍정의 힘, 사랑의 힘, 이것은 웃음에서 내면웃기, 마음웃기에 속한다. 우리 삶 속에서 긍정의 웃음, 사랑의 웃음으로 우리를 감싸 안을 때, 또 이웃에게 나누어 줄 때, 우리도 세상을 변화시키는 인물이 될 수 있다.

세상의 변화는 나의 마음속에서 시작되어 한줌의 누룩처럼 번져 가는 것이다.

 11

1분 웃기의 기적

데보라 노빌이 지은 『감사의 힘』에 보면 이런 사건이 나온다.

엠마로스트는 캔자스시티의 고3 학생이었다. 사건이 일어난 날은 어느 가을 날이었다.

엠마는 친구 애슐리가 운전하는 차를 타고 함께 즐겁게 이야기하며 집으로 가고 있었다. 갑자기 경찰차 한 대가 나타났다. 그 경찰차는 무서운 속도로 앞에 가는 차를 추격하고 있었다.

네거리 교통 신호가 바뀌었지만 경찰차는 앞의 도망자의 차를 추격하느라 멈출 수가 없었다. 그리고 그때는 이미 시속 160km를 넘는 속도로 달리고 있었기 때문에 멈추는 것은 불가능했다.

두 소녀는 자신들을 향해 무서운 속도로 달려드는 경찰차를 눈을 크게 뜨고 바라볼 뿐 아무 조치도 취하지 못하고 바라만 보았다.

애슐리는 기적적으로 작은 부상을 입었지만 엠마는 골반이 산산조각 났고 횡격막이 찢어졌고 폐에도 심각한 손상을 입었으며 여성으로서의 기능은 모두 상실했다.

이 사고 현장을 TV로 본 시청자들은 경악을 했고 모두 살 수 없을 것이라고 생각했다. 그러나 엠마는 기적적으로 살았다. 그러나 그녀가 퇴원할 때까지도 의사들조차 "엠마가 평생 걸을 수 없을 것 같다"고 했다. 평생 휠체어에 앉아 남은 인생을 살 것이라고 했다.

그러나 엠마의 생각은 달랐다.

"저한테 다시는 걷지 못할 거라고 말하지는 않았지만 모두 그렇게 생각하고 있다는 걸 알았죠, 골반이 망가졌는데 어떻게 걸을 수 있겠어요? 그래도 저는 걸어야겠다고 생각했죠."

그래서 필사적인 노력으로 엠마는 휠체어에서 일어나 걷기 시작했고 그 모습은 사람들에게 감동을 주었다. 엠마가 겪은 사건과 회복하는 과정 동안 그 고통과 상실감, 좌절감은 견디기 어려웠다고 한다. 그러나 그 좌절 속에서도 스스로에게 고마움을 발견해 가는 법을 터득했다.

그 방법은 1분간 무조건 웃는 것이었다. 아무리 화가 나고 고통스럽더라도 1분간 웃고 나면 마음이 후련해지고 자신을 대견하게 여기게 되었다.

"전 꼼짝없이 죽었구나. 이렇게 생각됐어요. 하지만 이렇게 살아 있잖아요. 이렇게 살게 된 것은 제가 뭔가 더 할 일이 있기 때문이라고 생각해요. 게다가 살아난 건 자랑스러운 것이죠. 저는 사람들에게 이렇게 얘기해요. 아무리 화가 나거나 슬퍼도 1분 만 웃어 보라구요. 웃음은 무엇이든 극복할 수 있게 해주거든요. 해보세요. 제가 웃으면 다른 사람들도 저를 보고 웃지요. 그것을 보면 제 기분도 좋아져요."

엠마는 사고로 인한 감정적인 압박에서도 자유로웠다. 사고를 낸 경찰도 원망하지 않았다.

"그분들이 일부러 사고를 낸 것도 아니잖아요. 임무를 수행했을 뿐이죠."

엠마는 웃는 것이 하찮게 여겨질지 몰라도 웃는 것만큼 사람을 행복하게 해주는 것은 많지 않다고 말한다.

그녀가 자라면서 남다르게 훈련받은 것은 늘 감사하는 훈련을 받았다고 한다. 지금도 이메일로 부모님께 감사의 편지를 계속해서 쓰고 있다고 한다.

우리가 마음으로부터 웃음이 나오려면 감사하는 마음이 있어야 한다. 감사는 훈련으로 되어진다.

아직도 많은 사람들이 웃음의 효과를 잘 모르고 현실의 압박 속에 찌들어 살아가고 있다. 웃음의 기적은 체험해 본 사람만이 안다.

육체적 질병의 치유, 마음의 상처에 대한 치유와 회복뿐만이 아니라 행복찾기, 두뇌계발, 경영의 효율성 면에서도 웃음은 효과가 대단하다.

그러나 알더라도 실천하기가 생각보다 잘 되지 않는다.

매일 3분씩 3번, 3주 동안 웃기를 권장한다. 그러면 당신에게도 기적은 일어나기 시작할 것이다.

웃음은 기쁨을 끌어당기고 부정성을 내쫓으며 병을 기적적으로 치유한다.

최악의 위기 탈출

제2차 이라크 전쟁 때 일이다. 바그다드가 점령되기 직전, 미군 점령지에서 미국 육군 중령이 일개 소대 병력만 이끌고 이슬람 사원을 향해 걸어가고 있었다. 목적은 이라크 난민들에게 구호 물품을 나눠 주기 위해 이슬람 지도자와 만나 상의를 하기 위해서였다.

그러나 돌발 사태가 발생되었다. 어디서 나타났는지 이라크인들이 이들을 둘러싸기 시작하였다. 그 수는 무려 1,000명 가까이 되었고, 그들은 이 소대병력을 포위하고 적개심의 감정을 나타내며, 포위망을 압축해 오기 시작했다.

깜짝 놀란 미군은 그들을 향해 총을 겨누었다. 이제 지휘관의 "쏴"라는 명령만 내리면 수백 명이 피투성이가 되어 죽어 나가는 일촉즉발의 위기였다.

이때 지휘관은 다음과 같은 세 가지 명령을 내렸다. 첫 번째 명령은 앉아쏴 자세를 취하라는 것이었다. 소대원들은 오른쪽 무릎을 꿇고 왼쪽

무릎을 세운 채 사격자세를 취했다.

두 번째 명령은 총구를 땅으로 향하라는 명령이었고 모두 총구를 땅으로 향하게 했다.

세 번째 명령이 떨어졌다. "모두 웃어!"

그러나 이런 긴장된 위기 상황에서 웃어지겠는가? 이때 지휘관이 먼저 소리내서 웃기 시작했다. 조금 후 모든 소대원들이 따라 웃기 시작했다. 웃음은 전염성이 매우 강하기 때문이다.

그런데 믿지 못할 일이 일어났다. 이라크인들이 하나 둘 따라 웃기 시작하더니 대부분이 다 웃는 사태가 발생한 것이다. 얼마를 웃은 후 지휘관은 다시 명령을 내렸다.

"웃음을 멈추지 말고 가던 길을 계속해서 간다."

소대원들은 웃으며 조용히 일어나 가던 길로 천천히 걸어갔다. 포위하고 있던 이라크인들이 길을 터 주었다. 더 놀라운 사실은 많은 이라크인들이 미군 병사들의 어깨를 두드려 주며 격려까지 해주었다는 사실이다. 이 사건의 주인공인 미군 지휘관 이름은 크리스토퍼 휴스 중령이었다.

웃음은 인종과 문화의 벽을 허물고 화합하는 놀라운 결과를 보여 주었다. 웃음은 적개심으로 포위망을 좁혀 오던 이라크인들의 마음을 평화의 마음으로 바꾸어 놓았다.

웃음은 수백 명의 사상자가 발생할 최악의 위기에서 서로 상생하는 역전의 드라마를 연출했다. 이 사건이 2004년 4월 4일 미국의 "퍼블릭 라디오"를 통해 미국 전역에 방송이 되었다.

이 사건을 접한 EQ 및 SQ의 이론을 정립한 대니얼 골맨 교수는 이 사건을 감정이입 효과가 얼마나 중요한지 증명해 주는 사건이었다고 평했다. SQ(사회지능지수)의 중요한 인자가 감정이입 효과인 것이다.

21세기의 지능의 가장 중요 인자는 SQ라고 하며, 웃음이 이것의 중요한 요소 중의 하나이다. 이 사건으로 웃음의 감정이입 효능이 증명되었다.

인간은 사회적 동물이다. 누구와의 관계 속에서 살아야 한다. 각박한 현대 사회에서 나홀로족이 점점 많아지고 있다. 이들을 아싸족이라고도 한다(아웃사이더족). 이들 중 많은 이들이 우울증으로 고생한다.

우리나라만 해도 우울증으로 치료받은 국민이 2006년 100만 명을 넘었다고 한다. 몇 년 안에 제4위에 있던 우울증 자살률이 암 다음으로 제2의 사망 요인이 된다고 한다.

웃으면 가벼운 우울증은 쉽게 극복할 수 있다.

웃음은 빛과 같아서 마음의 부정적 어두움을 몰아낸다.

밝은 사회, 건강한 사회를 위해 웃음은 필수적이다.

밝은 대한민국, 건강한 대한민국을 위해 나부터 웃자!

하하하하하…… 하하하하하!!

습득된 절망에서 벗어나기

1965년 긍정 심리학의 개척자 마틴 셀리그만은 펜실베이니아대학에서 개들을 대상으로 단순한 실험을 하였다. 그는 개들을 두 그룹으로 나누어 각기 다른 우리에 넣었다.

첫번째 우리에는 전기 충격을 주어 불쾌한 느낌을 주도록 하였으나 그들 스스로 주둥이를 사용해서 충격판을 밀어 냈다.

다른 우리에서는 똑같은 상황에서 그대로 전기 충격을 고스란히 받게 했다.

계속 반복해서 개들이 이런 환경에 적응했을 때 셀리그먼은 그 개들을 울타리가 아주 낮은 우리로 모두 옮겼다. 그리고 똑같이 불쾌한 전기 충격을 가했다. 충격판을 밀어 낸 방에 있던 개들은 모두 우리를 뛰어 넘어 탈출했으나 다른 우리에 있던 개들은 낮은 울타리를 넘어 충분히 탈출할 수 있음에도 불구하고 낑낑거리며 불쾌한 전기 충격을 견디고 있었다.

이전에 있던 우리에서 겪은 절망이 깊이 새겨진 나머지 새로운 상황에도 무기력하게 자신의 운명을 내맡기고 말았다. 이 개들은 사료도 아주 적게 먹고 다른 개들과의 교미나 놀이에도 별 흥미를 나타내지 않고 우울증의 무기력한 증상을 그대로 나타내 보였다.

사람에 대해 실험한 결과도 있다. 즉 사람들을 두 그룹으로 나누어 각각 다른 방에 두고 모두 고막이 찢어질 듯 시끄러운 소음을 들려주었다. 한 방에는 단추를 설치하여 소음을 중지할 수 있게 하였고, 다른 방은 그런 장치가 없었다.

첫번째 방에 있던 사람들은 곧 소음을 중지시켰고 다른 방에 있던 이들은 그대로 견디는 수밖에 없었다.

이들은 다시 각각 다른 방으로 안내되어 똑같이 소음을 듣게 했고 양쪽 방 모두 소음을 끌 수 있는 스위치를 숨겨 두었다.

이미 이전에 소음을 중지시킨 사람들은 곧 스위치를 찾아내 소음을 중지시켰으나, 방금 전 소음에 무기력하게 맡겨졌던 사람들은 속수무책으로 손 하나 까닥하지 않고 조용히 구석에 웅크리고 앉아 있었다.

그 후 게임을 하였는데 별로 흥미를 느끼지 못하고 단순한 수수께끼를 냈는데도 푸는 능력이 현저히 저하되었다.

이것을 "습득된 절망"이라고 부르며 우울증에 대한 현대적 설명이다. 우울증인 사람은 모든 면에 희망이 없다고 느끼며 생에 대한 의욕을 상실하게 된다.

그래서 긍정적인 추진력이 사라질 뿐 아니라 슬픔의 감정도 사라져 눈물도 없어지게 되고, 부끄러움이나 수치감도 없어지고, 미래에 대한 두려움을 이겨낼 힘도 상실하고 만다. 그들은 출구 없는 터널을 헤매듯 캄캄하고 답답한 심정으로 세상 속에서 격리되기 시작한다.

이 "습득된 절망"에서 벗어날 수 있는 가장 좋은 방법은 웃음 연습이다. 매일 웃음 연습을 통해 벗어날 수 있다. 웃음 연습은 희망 연습이며 웃음은 희망의 적극적 표현이다. 그리고 희망의 최후 무기이다.

웃게 되면 생각과 감정을 조절할 능력이 생기며 불행한 기분이 자리잡지 못하게 한다.

다리에 깁스를 한 경험이 있는 사람은 깁스를 풀고 당장 걷지 못한다. 걷는 연습을 하면서 차차 회복해 간다. 마찬 가지로 웃는 연습을 계속하면 습득된 절망에서 차차 회복될 수 있다.

하루 3분 이상, 3번 이상, 3주 이상 연습해 보라. 분명히 효과가 있다.

로빈슨 크루소의 감정계좌

　로빈슨 크루소는 파도에 떠밀려 무인도에 홀로 내동댕이쳐져 구출될 희망도 없이 우울증에 시달리며 절망적인 삶을 살게 되었다. 그러나 스스로 자신을 다독이며 하늘이 무너져도 솟아날 구멍은 있고 절망할 필요는 없다고 생각했다. 그래서 난파된 배에서 얻은 연필로 다음과 같은 감정계좌를 만들었다. '그러나'의 감정계좌인 셈이다.
　"난 외로운 섬에 내동댕이쳐졌다. 그러나 나는 아직 살아 있다."
　"난 이 곳을 빠져 나갈 수 있으리란 기약도 없다. 그러나 난 다른 동료들처럼 물에 빠져 죽지 않았다."
　"난 지독히 불행한 인간이다. 그러나 나는 배의 모든 선원들 가운데 죽음에서 벗어나도록 선택된 인간이다."
　"나는 몸을 덮을 만한 옷이 없다. 그러나 나는 옷이 없이도 견딜 수 있는 더운 곳에 던져졌다."
　이렇게 감정계좌를 작성한 그는 이런 최악의 상태에서도 어떤 다른 삶보다 행복할 수 있다는 결론을 얻을 수 있었다. 이런 생각이 그를 구원해 주었다.

만일 로빈슨이 그가 처한 상황에서 부정적인 면만 보고 낙담하였다면 그는 결국 외로움에 지쳐 비참하게 죽었을 것이다.

로빈슨은 자신의 상황을 거짓으로 미화하였을까? 아니다. 그의 감정계좌의 기록은 양쪽 다 사실만을 기록했다. 문제는 부정계좌와 긍정계좌 중에 자신을 어느 쪽에 세우는가가 중요하다.

사실과 사물을 긍정적으로 보는 것은 우리 삶에서 아주 중요하다. 벌써 컵이 반이나 비워져 있다는 생각보다 아직도 반이나 남아 있다는 생각을 선택하는 것이 절망에 저항하는 매우 효과적인 방법이다. 그리고 평상시 감정계좌 중 긍정계좌에 예입을 많이 하는 것이 필요하다. 그래야 부정계좌에서 인출이 되어도 넉넉한 긍정의 잔고가 남아 있게 된다.

미국국립정신건강 연구소는 1,000만 달러를 들여 6년 동안 수백 명에 달하는 우울증 환자 치료에 대한 실험을 했다. 모두에게 긍정계좌를 적극적으로 사용하도록 하는 훈련이었는데 참가자 중 60%에 해당하는 사람들이 우울증에서 벗어났다. 그리고 약물 치료와 함께 병행했을 때는 효과가 더 높았고, 재발의 위험도 적게 되었다.

이 방법을 '인지치료' 라고 부르게 되었다. 바로 생각 바꾸기를 연습시켜 우울증에서 벗어나게 하는 것이다. 이 '생각바꾸기' 를 연습하는데 가장 좋은 방법은 웃는 것이다. 웃게 되면 엔도르핀이 생성되어 부정적 감정을 멀리하게 되고 좋은 감정을 이끌어 온다.

이것은 항우울제와 같은 효과를 나타내며 즐거운 마음으로 인도하고, 자율 신경계 중 부교감 신경을 작동시켜 평안한 마음을 가져온다.

웃게 되면 외부 세계에도 관심을 가지게 되고 자신의 내면세계에서 밖으로 나올 수 있게 된다. 그래서 근심과 불안이 사라지고 어두운 감정의 폐쇄 고리가 깨어진다. 바로 긍정의 계좌에 예입을 많이 하게 되는 것이다. 그래서 지금 이 순간의 삶에 대한 감사와 행복을 느끼게 해준다.

윈스턴 처질은 "웃지 않는 것은 100만 달러를 은행에 두고 그 돈을 전혀 쓰지 않는 것과 같다"고 하였다.

웃을수록 즉 긍정의 잔고를 많이 사용할수록 더 많은 잔고가 쌓이게 된다. 웃음은 나눌수록 더 많아진다. 그래서 웃음 없이 참으로 부자된 사람이 없다.

우울증은 치료를 요하는 질병이고 곧바로 그에 대항하는 방법을 강구해야 한다. 곧바로 대항하는 탁월한 방법인 웃음을 선택하라. 그래서 웃음의 부자들이 되라.

 15

패치 아담스

"패치 아담스"라는 영화를 기억하는 분들도 많을 것이다. 1998년 로빈 윌리엄스 주연으로 인생의 절망 속에서 허우적거리는 환자들을 웃기고 미소 짓게 함으로써 환자들뿐 아니라 자신의 인생까지 구원한 한 의사의 이야기를 담은 감동의 여운을 깊게 남겨 준 영화이다.

혹시 못 본 분들은 DVD나 비디오로도 나와 있으니 보기를 권한다.

실제 모델 헌터 아담스는 아홉 살에 아버지를 여의고 각지를 전전하면서 삶의 방향을 잃고 자살 충동에 시달리다가 결국 1969년 자진해서 정신병원에 들어갔다. 그 곳에서 다람쥐 환영에 시달리는 환자 루디와 같은 병실을 쓰게 되면서 그들의 생활에 공감하며 유머 감각이 나타나며 이로써 환자들에게 웃음을 주게 된다. 그리고 웃음은 그들의 얼굴을 밝게 만들었다.

그로부터 2년 후 아담스는 버지니아 의과대학에 입학했다. 동료들보다 나이가 많았지만 타고난 유머 감각으로 학생들 사이에서 공감을 얻기 시작했다. 의과대학에서 말썽꾸러기에 문제 학생이 된 아담스는 소아암 병동에 몰래 숨어 들어가 침대에서 폴짝폴짝 뛰면서 즐겁게 놀기도 했다. 의대학장은 여러 차례 "규칙을 따르라"고 아담스에게 명령했고 그에게 벌을 내렸다.

얌전한 여학생 카린도 아담스의 자유분방함에 점점 더 공감하게 되었고, 그렇게 천방지축의 생활 속에서도 성적이 상위권이란 사실에 놀랐다. 둘은 사랑에 빠지는데 불행하게도 그 사랑은 오래가지 못하고 카린이 정신병을 앓던 한 환자에게 살해당하면서 비극이 되었다. 아담스는 깊은 실의에 빠져 의사의 꿈을 접으려고 했으나 환자들의 도움을 외면할 수 없었다.

그는 산속에 무료 진료소를 짓고 다시 마음의 상처를 서서히 회복해 나가기 시작했다. 그런데 대학이 아담스에게 제적 처분을 내렸다. 그러나 이에 불복하며 대학측과 용감하게 싸워 나갔다.

"의사가 되기 전에 먼저 인간이 되자!"는 열변은 많은 사람들의 마음을 감동시켰다.

"저는 진심으로 의사가 되고 싶습니다. 제 모든 것을 잃었지만 동시에 모든 것을 얻었습니다. 병원의 환자와 직원들과 지내며 함께 울고 함께 웃었습니다. 평생 그렇게 살고 싶습니다. 그래서 저는 의사가 되고 싶습니다. 세계 제일의 의사가!…… 이런 제 의지를 여러분들이 꺾을 수는 없을 것입니다."

그때 그곳에 소아암 병동의 아이들이 일제히 들어와 빨간 고무코를 붙이고 힘껏 응원의 미소를 보냈다. 아담스는 감격에 겨워 울음섞인 웃음을 지었다.

그 후 대학의 이사진들은 그의 열정과 환자들의 삶의 질을 높이려는 노력을 인정하며 그의 졸업을 허락했다. 그리고 이렇게 이야기했다.

"눈살을 찌푸릴 행동을 하기는 했지만, 자네가 올린 횃불은 의학계 곳곳에 전파되길 기대하겠네."

졸업식장의 권위에 도전하는 그의 알몸 해프닝으로 영화는 끝난다. 그 후 12년간 헌터 아담스(별명 패치 아담스)는 15,000명이 넘는 환자를 무료로 치료했고, 그와 뜻을 같이 하는 의사 1,000명 이상이 참가하는 "건강 크리닉"을 웨스트버지니아에서 운영하고 있다.

육체의 질병보다 마음을 더 중요하게 생각하며 환자의 가슴 속으로 웃음을 통해 들어가 따뜻한 보살핌으로 질병을 치료하는 패치 아담스가 오늘 한국 땅에도 많아졌으면 좋겠다.

웃음은 모든 병을 부작용 없이 치료하는 만병통치약이다.

현재의 조건으로 도전하라

우리는 매번 준비가 되어 있지 않기 때문에 어떤 일에 도전하기를 미리 포기한다. 그래서 시작하기 전에 모든 것이 제대로 갖추어져 있기를 바란다. 하지만 사실상 시작하기도 전에 제대로 갖추어져 있는 일이란 없다. 따라서 문제는 "더 좋은 조건이 갖추어져 있으면 어떻게 하겠다"가 아니라 "지금 조건을 사용해서 어떻게 하겠다"이다.

다음과 같은 유명한 일화를 들은 적이 있을 것이다.

수세기전 이탈리아 조각가 도나텔로는 거대한 대리석 덩어리를 구입했다. 하지만 그는 흠과 갈라진 틈이 많다는 이유로 대리석을 반품했다. 옆에서 지켜보던 미켈란젤로도 흠과 갈라진 결점을 발견했다. 그러나 그는 그 흠을 예술가로서 자신의 기술을 발휘할 수 있는 도전의 기회로 받아들였다. 그래서 도나텔로가 반품한 대리석 덩어리를 사들여 그것으로 시대를 초월한 불후의 명작을 만들어 냈다. 그것이 바로 그 유명한 다윗상이다.

어떤 사람들(도나텔로)은 자신의 부족을 뒤로 숨긴 채, 현재 있는 것으로 최선을 다하지 않고 부족한 것만 탓한다. "대리석의 흠" 때문에 자신의 재능을 충분히 발휘할 수 없다고 푸념하는 것이다.

그렇지만 또 어떤 사람들(미켈란젤로)은 모든 것이 완벽해질 때까지 기다리지 않고 자신의 상황에서 최선을 다한다.

성공으로 가는 길은 우리가 있는 이 곳에서 비록 준비는 덜 되었지만, 여건은 충분히 만족하지 못하지만, 최선을 다해 한 번에 한걸음씩 천천히 걸어가는 것이다.

인생에서 황금 같은 기회는 우리가 붙잡을 수 있을 만큼의 거리에 서서 우리가 그들을 잡을 수 있도록 항상 기회를 주고 있다. 그것을 붙잡는 첫걸음은 거대한 도약도 아니고 그렇다고 특별하지 않을 수도 있다. 단지 한 걸음 앞으로 나가는 것이다. 하지만 이 한 걸음에 최선을 다한다면 우리는 그 다음 그리고 그 다음 걸음을 내딛으며 전진할 수 있다.

"중요한 것은 멀리 있는 것을 보는 것이 아니라 손에 분명히 들려 있는 것을 하는 것이다"라고 토마스 칼라일은 말했다.

"사소한 것들을 실천하라, 그런 다음 조금 더 중요한 일로 옮겨가라, 멀리 있는 것을 목표로 삼되 가까이 있는 것을 무시하지 말라"고 에픽테토스(그리스 철학자)는 말했다.

마더 테레사는 "내가 만약 거리에서 죽어 가는 한 남자를 구하지 않았다면 자신과 선교사들은 수십만 명의 사람들을 도울 생각을 하지 못했을 것이다"라고 술회했다.

들에서 풀을 베는 사람은 들판 끝을 보지 않는다고 한다. 자신 앞에 있는 풀만 보고 베어 나가는 것이다. 첫걸음을 내딛는 것이 중요하다.

요즘은 웃음이 정신적, 육체적 행복과 건강에 좋은 것으로 많이 알려져 있다. 그런데 웃음을 매일 삶 속에서 실천하는 이는 그리 많지 않다.

그러면서도 "웃어야지", "그런데 웃을 일이 있어야 웃지", "재미있는 일이 있어야 웃지"하며 차후로 미루다가 기회를 흘려보내곤 한다.

웃음도 지금 여기에서 첫걸음을 시작하는 것이 중요하다.

자! 지금 읽는 것을 멈추고 1분 만 웃어 보자!

하하하하하하하하하하하하…….

우리 삶 속에 웃음의 습관이 자리 잡으면 새로운 날이 시작되는 것이다. 웃음의 첫걸음을 내딛으며 행동으로 옮기고, 매일매일 성실히 웃어 가는 동안 새 운명이 전개될 것이다. 왜냐하면 웃음은 영적, 정신적, 육체적 만병통치약이기 때문이다.

17

링컨 대통령의 웃음

"나는 가장 비참한 사람이다. 내가 느끼는 비참함을 온 세상 사람들이 느낀다면 이 지구상에는 기쁜 얼굴이 하나도 없을 것이다. 내가 좋아질런지 나는 알 수 없다. 아마도 좋아지지 않을 것이라는 불길한 예감이 든다. 나는 이대로 살아 갈 수 없을 것 같다. 죽거나 아니면 내가 좋아지거나 하지 않는 한……."

이 글을 쓴 사람은 미국 역대 대통령 인기 1위이고, 노예 해방으로 오늘날 오바마 흑인 대통령을 탄생케 했으며, 미국인들이 가장 존경하고 사랑하는 에이브러햄 링컨 대통령의 글이다.

링컨은 꿋꿋하고 정직하고 인내심이 강한 사람으로 많은 실패와 시련을 이겨 냈지만 그도 인간이므로 연속적인 실패 뒤에는 우울증으로 성인기의 절반을 고생해야 했다.

링컨은 1809년 켄터키주의 아주 가난한 통나무 오두막집에서 매우 가난하게 태어났다.

9세 때 친어머니가 죽고 그 후 새어머니 밑에서 성장했다. 그는 학교를 거의 다니지 못했다. 그러나 책은 열심히 읽고 쓰고 외우는 일을 계속하며 책을 멀리까지 빌리러 다녔다.

청년시절 친구와 동업을 했지만 파산하고 빚을 많이 졌는데 링컨 혼자 그 빚을 갚아 나갔다. 더 많은 실패를 계속했고 결혼생활도 불행했다. 하원의원, 상원의원 도전에도 여러 번 떨어졌고 대통령에 당선된 뒤에도 언론으로부터 많은 질책과 비난을 받아 순탄치 못한 정치생활을 했다. 그래서 링컨은 어둠의 세월이 훨씬 많았으며 우울증에 시달려야만 했다. 그런 그가 남북전쟁을 승리로 이끈 위대한 지도자로, 노예 해방을 시킨 영웅으로 미국인들에게 신화적 존재로, 가장 존경하는 대통령이 되게 된 원동력은 무엇이었을까?

그가 우울증으로부터 탈출할 수 있었던 것은 단연 웃음 때문이었다. 그는 매일 유머를 준비하여 웃음으로 자신감을 회복하고, 웃음으로 자신의 삶을 긍정적으로 바꾸어 나갔다.

백악관 시절 링컨 대통령이 비서실로 들어섰을 때 비서관들이 실없는 논쟁을 하고 있었다. 키가 큰 비서관은 긴다리가 보기 좋다고 우기고, 키가 작은 비서관은 짧고 통통한 다리가 더 보기 좋다고 우기고 있는 중이었다. 키 큰 링컨 대통령이 들어선 것을 본 키 큰 비서관은 자신의 편을 들어 줄 것이라고 생각하고 대통령에게 이렇게 물었다.

"대통령 각하, 아무래도 짧은 다리보다는 긴 다리가 보기 좋지 않겠어요?"

링컨은 웃으면서 이렇게 대답했다.

"다리란 엉덩이에 붙어 있고 땅에 닿을 수 있으면 다 보기 좋지요. 없는 것보다 훨씬 보기 좋지요."

의회에서 연설 후 한 의원이 "링컨 대통령은 두 얼굴을 가진 이중인격자"라며 신랄한 비난을 퍼부었다. 링컨은 잠시 난감한 표정을 짓더니 이렇게 대답했다.

"내가 두 얼굴을 가지고 있다면 오늘같이 중요한 자리에 왜 이렇게 못생긴 얼굴을 가지고 나왔겠습니까?"

의원들은 박장대소했고 비난을 퍼붓던 의원은 계면쩍어 슬그머니 자리에 주저앉았다.

링컨은 평소 이렇게 이야기했다.

"내가 만약 웃지 않았다면 나는 밤낮 나를 누르는 무서운 압박감 때문에 죽어 버렸을 것이다."

인간은 누구나 우울을 느끼고 그래서 많은 시간을 허비한다.

"웃어 버려"라는 말이 있듯이 우울한 마음을 웃어 버리자.

웃음은 어려움을 이겨내는 힘이다.

웃음으로 성공한 전원주

　기름유출 사고로 힘들어 하는 태안 군민 기살리기 웃음 페스티벌이 태안 문화예술회관에서 있었다. 첫번째 강사로 탤런트 전원주 씨가 섭외되었는데 인사하고 잠시 이야기를 나누면서 참으로 겸손한 분이구나 하는 인상을 받았다.
　전원주 씨는 20년 이상의 무명 세월을 청산하고, 인기인의 대열에 합류하게 만든 것이 웃음이었다고 했다. 어느 날 미아리 시장에서 장사하는 아주머니에게 배운 웃음이 새로운 인생으로 인도한 것이다.
　전원주 씨의 강연 내용 일부를 들어보자.
　내가 키가 작은 이유는 어려서 못 먹고 일을 많이 해서 그렇다. 그래서 내가 운전하고 가면 사람 없는 차가 혼자 굴러가는 줄 안다. 실제로 경찰이 보고 사람 없는 차가 혼자 굴러가는 줄 알고 뒤좇아온 적이 있다.
　나는 교편 생활을 잠시 했으나, 사직하고 동아방송 성우시험에 응했다. 목소리가 고와서 꽤 인기도 있었다. 내 목소리만 듣고 얼굴 한번 보겠다고 방송국으로 찾아와 내 얼굴 실제로 보고는 졸도한 남자도 여럿 있었다. 그 후 TV로 진출해 가정부 역할만 20년 이상했다.

주인 마님은 대부분 강부자, 여운계, 사미자 등으로 수도 없이 바뀌어도 나는 영원한 가정부였다. 마님 역할은 비스듬히 누워서 "밥상 들이거라" 하는 말만 하면 되지만 가정부역은 밥상들고 방문을 10번 이상 들락거리고, 바닥에 소리 안 나게 상을 내려놓아야 되고, 게다가 애까지 업고 밥상을 들고 들락날락하는 것은 중노동이었다.

집에 와서 장면 하나라도 놓칠세라 TV를 보면 편집되어 안 나올 때가 부지기수였다. 방송에서 편집되면 출연료도 없던 시절이었다.

내 별명은 "쫑얼이"였다. 오랜 세월 동안 빛 한번 못보고 구박만 받고 지내다 보니 항상 우울하고 사람들과 말도 않고 혼자 중얼중얼 대는 습관이 생겨서 붙여진 별명이다.

식사 시간에도 분장실에 쭈구리고 앉아 있으면 저희들끼리만 밥 먹고 들어와 밥 먹었느냐고 물어 보지도 않았다.

한번은 선배 주인공이 화려한 도시락을 푸짐하게 싸와서 먹는데 조금은 남겨 주겠지 하고 기대하며 눈치만 보는데 마지막 반찬 한 개까지 싹 집어넣는데 눈물까지 나왔다.

시장을 가도 파할 때쯤인 밤 8시 정도에 갔다. 그때 가야 팔다 남은 야채 등을 싸게 살 수 있었다.

그러던 어느 날 밤, 시장에서 장사하던 아주머니가 시장이 떠나갈 듯 유쾌한 웃음을 웃어대는 것이었다. 그 웃음을 듣는 순간 나는 10년 묵은 체증이 쑥 내려가는 느낌을 받았다. 그 웃음을 들은 후로 나도 웃고 살기로 굳게 결심하고 매일 시도 때도 없이 거울 앞에서 웃는 연습을 했다.

미친 듯이 웃음 연습을 했는데 아들이 "엄마, 미쳤어? 웃지 마. 귀신 나올 것 같아"라고 말렸다. 한 열흘 웃었더니 웃음소리가 시원하게 터져 나오는 느낌이었다.

방송국에 들른 나는 갑자기 한 가지 생각이 떠올랐다.

"이 웃음으로 연출자들에게 약이나 올려 주자."

연출자 대기실에 연출자들이 20여 명 모일 때를 기다려 나는 문을 살그머니 열고 들어가 갑작스럽게 "와 하하하하하하하하……" 하고 사무실이 떠나가게 웃어 주고는 뒤도 안 돌아보고 나오는데 내 눈에 눈물이 가득 고였다.

'내가 이런 짓까지 해야 하다니…….'

그런데 이 사건이 내 인생의 새로운 문을 열어 줄줄이야……. 그날의 사건을 기억하던 연출자가 새 드라마의 조연으로 나를 발탁한 것이다. 이 드라마는 시골 아줌마역으로, 목소리도 크고 웃음도 시원하게 웃어야 하는 "대추나무 사랑걸렸네"로 장장 7년 6개월을 장수한 대히트 드라마였다. 드디어 이 드라마로 나는 떴다. CF도 줄줄이 찍었다. 오랜 고생 끝에 인기인이 되었다. 20년을 참고 견뎌서 뜬 태양은 지지도 않더라. 지금 나는 1년치 스케줄이 빡빡하다. 일이 많으면 피곤하지도 않다. 일이 없을 때는 늘 피곤했는데도 말이다."

전원주 씨의 성공은 웃음이 만들어 준 기적이다. 웃음이 인생의 새로운 문을 열어 주었고 슬픔과 절망에서 기쁨과 희망으로 나가게 해주었다. 그녀의 단점들에도 불구하고 빛나는 웃음을 가진 아름다운 탤런트로 변화시켜 주었던 것이다.

 19

다민족 혼합 시대

　브래들리 효과 때문에 혹시나 했지만 역시 미국은 유사이래 최초로 흑인 대통령을 선택하였다. 흑인에 대한 차별이 많이 없어지기도 했지만 미국은 이제 인종문제보다 정책과 인물을 더 중요시하는 사회로 바뀌어 가고 있는 것이다. 하와이 관광을 가서도 오하우 섬의 오바마가 나온 푸나후 고등학교는 관광코스 중의 하나로 들러가는 코스가 되었다.

　흑인 스포츠의 불모지인 골프에도 타이거 우즈 같은 골프 황제가 나타나 세계적으로 큰 영향을 미치는 인물이 되었고, 또한 테니스에도 비너스 자매가 나타나 많은 우승컵을 거머쥐고 있고 김연아가 두각을 나타내는 피겨 스케이팅에도 검은 흑진주가 각광을 받기도 했다. 농구·야구·권투·육상 등은 흑인 파워가 폭발하며 오히려 백인들이 소외되는 지경이다. 모델로 가장 인기 높은 영국의 나오미 켐벨도 흑인이고 연예인 중 가장 영향력이 큰 오프라 윈프리도 흑인이다.

　이제 블랙파워는 강력한 세력으로 세계에 영향을 미치고 있다.

파킨스씨 병으로 힘든 나날을 보내는 흑인 복서 무하마드 알리는 한 시대를 권투로 주름 잡았던 인물이다. 그는 인종차별 문제에 대해 이렇게 불편한 심정을 토로한 바 있다.

왜 천사는 모두 피부가 희고 악마는 피부가 검은가?
왜 대통령 관저는 화이트 하우스이고 악인의 명부는 블랙리스트인가?
왜 검은 고양이는 불길하다고 하고 검은 거위는 심술쟁이로 취급되는가?

나는 코가 깨지고 얼굴이 이지러지는 대가로 백인을 즐겁게 하는 권투엔 매력이 없다. 하지만 나는 돈이 필요해서 권투를 할 뿐이다. 내가 권투를 안 했으면 호텔 문간에서 도어맨으로 허리를 굽실거리며 백인들을 위해 서비스를 제공하고 "예스 썰Yes Sir 예스 썰" 하며 평생을 지낼 수밖에 없었을 것이다.

그래서 흑인들은 백인들을 때려눕히거나 박살냄으로써 마음속에 잠재되어 온 원한도 풀고 아울러 돈도 벌 수 있는 권투나 프로야구, 농구, 아메리칸 풋볼을 선호하게 되고 그 곳에서 두각을 나타내고 있는 것이 아닌가 한다.

한국인들도 미국으로 이민 가서 많은 차별대우를 받고 살아왔다. 초기 하와이 사탕수수밭에 노동자로 이주하게 된 이민 1세대들은 노예와 같은 삶을 살았다.

이제 이민 역사 100년을 훨씬 넘긴 지금은 우리 민족의 권익도 많이 향상되고 특히 88올림픽 이후에는 당당한 미국 이민자의 중요한 구성원으로 살아간다고 한다. 오바마의 대통령 당선은 그래서 우리에게도 희망을 주고 있는 것이다.

그러나 우리가 간과해서 안 될 것은 현재 우리 사회에 뿌리박혀 있는 차별적 의식이다. 우리 농촌이나 중소기업은 이제 중국 한족, 조선족, 베트남, 필리핀, 몽골, 스리랑카, 방글라데시, 파키스탄, 태국, 인도네시아인 등 많은 다민족 외국인들에 의지하지 않으면 존재할 수 없는 시대가 되었다.

그래서 경제적으로나 사회적으로 그들의 존재가 매우 중요한 시대가 되었다. 그 동안 그들을 차별하고 멸시했던 여러 사건들이 있었지만 이제는 그들을 우리 사회의 구성원으로 받아들이고 사랑과 배려의 따뜻한 시선을 보내야 한다.

그들을 우리 사회가 품어 주고 감싸줄 때 대한민국의 위상은 높아지고 세계의 강국으로 발돋움할 수 있는 계기가 될 것이다. 인간은 피부색에 관계없이 누구나 동등한 가치와 의미를 가지고 세상에 태어났다. 누가 더 우월하고 누구는 열등하다는 식의 비교 대상이 될 수 없다.

오늘 만나는 그들에게 친절하고 따뜻한 미소를 보내자. 웃음은 만국 공통의 언어이다. 혹시 말이 안 통할지라도 우리의 훈훈한 마음을 그들에게 나타낼 수 있다. 이제 한민족, 백의민족은 옛말이 되었다. 그리고 우리 민족이란 말은 북한에서만 사용하고 남한에서는 이제 사라지고 있다.

세계인으로 당당히 웃으면서 살자.

웃으면 자신감이 솟아오른다. "웃어서 남주자."

제2부

존재

지금 이 순간의 진리를 깨달으면 우리는 생각의 감옥에서 탈출하고
감정의 늪에서 빠져나와 영혼의 깊은 세계 '존재의 세계'로 갈 수 있다.

Tip 2 생활 속의 웃음 실천하기

1. 차 안에서 웃음(자가 운전하는 분들이 웃을 수 있는 가장 좋은 장소)
   다른 차가 끼여들려고 할 때
   "OOOO님 어서 끼여드십시오. 우하하하하……."
   끼여든 후
   "OOOO님 잘 끼여드셨습니다. 우하하하하……. OOOO님 다음에도 꼭 끼여들어 주세요. 우하하하하……."
   터널 안이나 사인보드·육교·철교·지하차도·고가도로 등 차 지붕 위로 무엇이 지나가면 계속 웃는다.

2. "그래서 웃음"(11쪽 참조)
   누구에게 무시당하는 말을 듣거나 자존감에 상처를 입는 말을 들었을 때
   "그래서! 우쨜긴데?!…… 우하하하하……."

3. "지나가리라 웃음"(100쪽 참조)
   근심·걱정·고통·절망의 감정이 밀려올 때
   "이것 또한 지나가리라! 우하하하하……."

4. 케겔 웃음(193쪽 참조)
   장소 불문하고, 시간나는 대로 항문을 조이며 미소를 짓는다.
   버스·전철·운전할 때, 신문볼 때, 아무 때나 가능하다.

5. 3분 만에 부정적 생각에서 벗어나기(미소호흡 명상 153쪽 참조)
   우선 숨을 길게 들이마시고 내쉰다(5회 반복).
   길게 숨을 들이마시면서 "그만!"을 계속 마음속으로 외치고, 내쉬며 미소 짓는다(5회 반복).
   길게 숨을 들이마시면서 "지나가라!"를 계속 마음속으로 외치고, 내쉬며 미소짓는다(5회 반복).
   길게 숨을 들이마시면서 "나는 안전하고 행복하다!"를 계속 마음속으로 외치고, 내쉬며 미소짓는다(5회 반복).

삶의 의미와 목적

"이 세상에서 더 이상 빼앗길 게 없는 비참한 사람일지라도 사랑하는 사람들을 떠올리며 잠깐이라도 행복을 느낄 수 있음을 깨달았다."

아우슈비츠 가스실 앞에서 겨우 살아남은 빅터 프랭클Viktor Frankl의 말이다.

1942년 초겨울, 나치 SS요원들은 수백 명의 유태인을 체포했다. 그중에는 새로운 정신적 웰빙 이론을 개발해 심리학 분야에서 주목을 받던 젊은 심리학자 빅터 프랭클도 있었다. 그의 아내 틸리는 체포 직전에 빅터의 코트 안에 그가 쓴 원고를 숨겨 놓고 꿰맸다. 그러나 이들 부부가 아우슈비츠에 끌려가는 첫날 발가벗겨져 옷과 소지품을 모두 압수당했다. 그래서 빅터는 자신의 원고를 다시는 볼 수 없었다.

그 후 3년 동안 그의 아내, 형제, 어머니, 아버지 모두 가스실에서 사라져갔다. 그런 악 조건 속에서도 빅터는 몰래 훔쳐 온 종이 쪽지에 자신의 원고를 다시 쓰기 시작했다.

1945년 그는 드디어 석방되었고 이듬해 수용소에서 기록했던 원고들을 책으로 출간했다. 이 책이 20세기에 가장 큰 반향을 일으킨 『삶의 의미를 찾아서』Man's search for Meaning이다.

이 책에서 빅터는 자신이 어떻게 힘든 노역과 학대, 가학적인 간수들, 형편없는 음식들을 먹으며 견뎌 냈는지에 대해 담담하게 서술하면서 동료 수감자들의 정신 상태를 면밀히 관찰하여 체포되기 전에 시작했던 자신의 심리학 이론을 더욱 깊이 있게 다듬었다. 그리고 "사람의 주된 관심사는 즐거움을 얻거나 고통을 피하는데 있는 것이 아니라 삶의 의미를 찾는 데 있다"라고 주장했다.

빅터와 유태인들은 상상할 수 없는 극악한 환경의 수용소에서도 삶의 의미와 목적을 찾고자 노력했고 이 삶의 의미 추구는 인간 생존의 가장 큰 힘이 되었다. 빅터는 심리치료를 위한 "빅터 접근법Logotherapy"을 창안하여 위대한 영향력을 발휘하였다.

의미의 추구는 우리를 살게 하는 원동력이다. 과거에는 빈곤과 고통을 벗어나기 위해 모든 노력을 기울였지만 이제 21세기에 들어선 현 시대는 풍요한 물질 속에 삶의 의미를 찾는 일이 더욱더 중요하게 되었다.

그러면 21세기에 사는 우리들의 삶의 의미와 목적은 무엇일까? 개인이나 가정이나 기업, 사회가 모두 삶의 의미를 찾기 시작하였고 그 진정한 목적은 결국 "행복을 찾기 위한 것이라고" 달라이 라마는 주장했다.

행복에 대한 가치와 평가와 수단은 모두가 다르기 때문에 쉽게 이야기할 수 없지만 긍정 심리학 주창자인 마틴 셀리그만은 행복한 삶을 '즐거운 삶'과 '만족한 삶'과 '의미 있는 삶'의 조화로 보았다.

그리고 행복에 기여하는 요소들로 자기 일에 만족하고, 부정적 사고와 감정을 피하고, 결혼하고, 사회적 네트워크를 풍부히 쌓고, 감사하고, 용서하고, 긍정적으로 생각하는 것이 중요하다고 했다.

그런데 행복으로 가는 가장 빠른 지름길이 있다. 15초면 행복의 길로 안내한다. 이것이 바로 웃음이다. 웃으면 15초 정도에 베타 엔도르핀이 생성된다. 이 엔도르핀을 우리는 유쾌 호르몬, 쾌락 호르몬, 행복 호르몬이라 부른다.

이 웃음은 마틴 셀리그만이 행복의 중요 요소로 꼽았던 부정적 사고와 감정을 멀리하고 긍정적 사고를 불러일으키며, 감사하고 용서하는 관용과 평화의 마음을 가져온다. 또 사회적, 인적 관계에 필수적 요소로써 웃음은 감정이입에 중요한 역할을 하고 있다.

우리는 누구나 행복의 길로 갈 수 있다. 먼저 행복하기로 결심하고 웃음을 그 방법으로 택하면 된다. 물론 쉽게 웃어지는 것은 아니다. 많은 노력이 필요하다. 그러나 웃음을 선택하여 웃음에 대한 동기부여만 충분히 한다면 또 어려운 일도 아니다.

우리 마음속에는 많은 웃음이 숨어 있다. 꺼내서 사용하기만 하면 된다. 우리가 평생 사용해도 결코 모자라지 않을 것이다.

삶의 의미는 행복을 누리는 것이고 이것은 웃음으로 선택할 수 있다.

웃자! 우하하하하하하하하하…….

사랑과 두려움

　엘리자베스 퀴블러 로스 여사는 미국의 근대적 호스피스 창설자이며, 2006년 후반기 몇 개월간 한국에서도 베스트셀러였던 『인생 수업』의 저자이다. 그녀는 스위스 사람으로 정신과 의사였으며 남편을 따라 미국에서 많은 활동을 하다 2004년 8월 24일 자신이 많이 면담했던 임종자들처럼 이 세상을 떠났다.

　그녀는 임종을 앞둔 이들이 겪는 감정의 5단계 변화를 밝혀내며 호스피스 교육에 많은 공헌을 하였다. 즉 임종을 앞둔 분들은 부정, 분노, 타협, 우울, 수용의 단계를 복합적으로 겪는다고 한다.

　그녀는 또한 500명이 넘는 임종을 앞둔 분들을 면담한 결과, 대부분의 사람들이 못다한 행복에 대한 아쉬움을 제일 많이 이야기했으며, 끝까지 버리지 못하는 감정은 사랑과 두려움이라는 것을 주장하였다. 즉 임종 직전에 시기, 질투, 미움, 희락, 즐거움 등의 모든 감정을 다 버릴 수 있는데 긍정적인 감정으로는 사랑하는 마음을 버리지 못하고, 부정적인 감정으로는 두려움을 버리지 못하더라는 것이다.

그래서 긍정의 감정 가장 깊은 곳에는 사랑이, 부정적 감정의 가장 밑바닥에는 두려움이 자리 잡고 있다. 사랑의 반대는 미움이나 질투가 아니라 두려움이라는 것이다. 그래서 우리가 두려움을 물리치면 모든 부정적 감정에서 헤어나올 수 있다. 두려움을 없애기 위해서는 사랑으로 점점 채워 가야 한다.

사랑은 빛과 같아서 두려움이라는 어둠을 몰아내는 가장 좋은 방법이다. 사랑은 나를 소중히 여기고 사랑하는 것부터 시작해야 한다. 자신을 사랑하는 사람은 남도 소중히 여기고 사랑할 수 있다. 자신을 사랑하지 못하는 사람은 그 마음이 폭력적이거나 파괴적으로 나타나 사회의 많은 문제를 일으키기도 한다.

자신을 사랑하는 마음, 이것을 우리는 자존감이라고 한다. 세상을 살아가는 많은 사람들은 이 자존감이 상처를 입고 상실되어 많은 문제들을 야기시키게 된다. 버지니아공대 조승희 군의 상실된 자존감은 32명의 아까운 인명을 앗아가지 않았는가? 이 자존감은 가장 가까운 사람으로부터 가장 많은 상처를 입는다.

이제부터라도 자존감을 성장시켜야 한다. 우리가 이 세상을 떠나는 날까지 계속 성장시켜야 한다. "나는 내가 좋다", "나는 내가 자랑스럽다", "나는 내가 정말 좋다"를 외치면서 30초간 웃어 보자.

우리의 자존감이 살아나기 시작하여 계속 성장해 갈 것이다.

나의 마음을 사랑으로 채우자. 두려움을 몰아내자.

다시 한번 "나는 내가 자랑스럽다"를 크게 웃으며 외쳐 보자!!

우하하하하하하하하하……!!

카르페 디엠

나의 인생이 단 하루밖에 남지 않았다고 가정해 보자. 단 하루를 어떻게 보내야 할까?

남은 시간이 너무 짧다고 아쉬워하고 원망하며 하루를 보내야 할까? 열심히 저축해 놓은 돈을 모두 찾아서 즐기며 생의 마지막 벽을 넘어야 할까? 그럴 일 없다고 부정하며 어제와 똑같은 하루를 보내야 할까?

25년 전 어느 암 환자에 대한 기억이 뇌리에서 사라지지 않는다. 1주일에 한 번씩 "O"병원에서 "이브닝콰이어"로 봉사할 때의 일이다. 이 병원 13층부터 지하 재활병동까지 각층마다 두 곡씩 찬송을 부르며 우리 사중창팀은 보람과 기쁨을 함께 맛보곤 했다.

어느 날 간호사가 우리에게 와서 특별히 병실에서 노래를 불러달라는 것이다. 약속대로 3층 중환자 병실 앞에 왔을 때 잠시 기다리는 동안 간호사는 우리에게 귀띔을 해주었다. 이 환자는 말기 암 환자로 아마 내일 쯤 임종을 맞을 것이라고…… 들어가기 전 잠시 생각해 보았다. 말기 암이면 통증도 심하고 얼마나 괴로워할까? 환자의 고통스럽고 일그러진 얼굴을 상상하며 병실에 들어섰다.

막 환자의 머리맡에서 부인이 성경을 읽어 주었는지 성경을 덮으며 우리를 맞이해 주었는데 미소 띤 얼굴이 참으로 평화로운 얼굴이었다. 그리고 환자 얼굴을 보았다. 세상에…… 그렇게 평화롭고 잔잔한 미소는 처음 본 것 같은 착각을 일으키며 너무 의외의 상황에 우리가 오히려 당황하였다.

내일 임종을 앞둔 분도 저렇게 얼굴이 평화로울 수가 있다니…… 우리는 세 곡을 부르고 함께 기도하고 조용히 물러나왔다.

그 후로 그분의 평화로운 얼굴은 잊혀지지 않는 기억으로 계속 남아 있다. 우리는 태어나는 순간부터 죽음을 향해 한 발자국씩 걸어간다. 모든 인간은 누구나 시한부 인생이다.

우리에게 주어진 이 시한부 인생을 누구는 원망 속에서, 상처 속에서, 분노와 증오 속에서 살기도 한다. 그러나 누군가는 기적처럼 사랑하고, 감사하고, 용서하며 아름답게 살기도 한다.

인생을 아름답게 사는 비결은 무엇일까? 비결은 다름 아닌 "인생을 단 하루처럼 사는 것"이다. 인생을 단 하루처럼 살 때 가장 경이롭고 아름다움을 꽃피우며 살 수 있다. 죽음을 인생에 단 한번뿐인 축복으로 받아들일 때 정녕 인생을 단 하루처럼 살 수 있다.

인생을 단 하루처럼 살 때 들풀의 존재에서도 생명의 경이로움을 발견할 수 있고, 서쪽 하늘 붉은 노을을 보며 우주의 아름다움을 가슴 깊이 받아들이고, 옆에서 지저귀는 참새 한 마리를 보면서도 생의 모든 순간을 사랑하게 된다.

인생은 어제도 아니었고 내일도 아니다. 인생은 단 하루! 바로 오늘이다. 바로 지금 이 순간이다.

오늘은 어제 임종을 맞이한 이들이 그렇게도 살기를 원했던 오늘이다. 인생을 단 하루처럼 살기를 원하는 사람들에게 삶은 분노보다 용서를, 좌절보다 희망을, 미워하는 마음보다 감사하는 마음을, 열등감과 죄책감보다는 자존감과 사랑하는 마음을 가르친다.

우리는 늘 내일에 대한 꿈을 꾸지만 늘 내일을 기다리느라 오늘을 경험하지 못한다. 인생은 짧고 내일의 약속은 지켜지지 않을 때가 많고 불확실하다. 그리고 꿈이 이루어지지 않으면 깊은 상처로 남는다.

지금 바로 우리가 가진 꿈을 실천해 보면 어떨까? 시간은 지금도 "카르페 디엠!"을 외치고 지나간다. 오늘의 행복을 뒤로 미루지 말자. 행복은 바로 지금 이 순간이다. 우리의 모든 삶은 바로 지금 이 순간이다.

지금 이 순간을 진정으로 깨달을 때 이 순간은 무한하게 여겨지게 된다. 그래서 늘 지금 이 순간 만이 존재하게 되어 영원한 삶의 축복을 누리게 된다.

진정으로 지금 이 순간을 살 때 참된 평화와 참된 기쁨과 참된 자유의 삶을 누리게 될 것이다!

카르페 디엠!

지금 이 순간을 살아라!

지금 이 순간에 웃으면 영원한 행복이 올 것이다.

우하하하하하하하하하하하하하하하하!!!

임사체험

워싱턴주 시애틀병원 사회복지과에 근무하는 킴벌리 클라크는 심장박동이 정지되었다가 곧 회복된 마리아라는 심장동맥 질환자를 만나 그녀의 기이한 경험을 들었다.

그녀는 심장이 멈춘 후 의사와 간호사가 자신에게 응급처치를 열심히 하고 있는 모습을 천장에서 내려다보고 있는 자신을 발견했다. 그리고 그녀가 생각하자마자 순간 이동을 하여 생각한 그 곳에 있는 자신을 발견하였다.

그녀는 3층 건물 밖에서 테니스화를 보았는데, 낡은 것이었고, 서로 코를 맞대고 있으며, 새끼발가락 쪽이 닳아서 구멍이 나 있는 것이었다고 했다. 그리고 신발 끈은 신발 뒤꿈치 밑에 깔려 있었다는 세부적인 사실들도 의식했다.

클라크는 의심스러웠지만 호기심이 발동하여 확인해 보기로 했다. 처음에는 발견을 못했지만 재차 정밀하게 찾아가는 동안 과연 3층에 있는

제2부 존재

어느 병실에서 창문에 얼굴을 바짝 대고 내려다보았더니 과연 테니스화가 서로 코를 맞대고 있는 것을 찾아냈다.

그런데 너무 멀어 새끼발가락 쪽에 구멍이 나 있는지 신발 끈이 신발 뒤꿈치 밑에 깔려 있는지는 밖으로 사람을 내려보내 확인하고 신발을 건져 올린 후에야 마리아의 말이 모두 사실이라는 것을 확인했다.

"그녀가 신발을 그처럼 자세하게 살펴볼 수 있는 유일한 방법은 병원 건물 바깥으로 나가서 공중에 떠서 아주 가까이 가 살펴보아야 알 수 있는 것이다"라고 클라크는 말했다.

"그것은 나에게는 너무 구체적인 증거였다"라고 말하며 클라크는 유체이탈 체험을 믿게 되었다.

이 유체이탈 경험은 임사체험을 하는 많은 이들이 제일 많이 경험하는 것들 중에 하나이다. 이 임사체험은 1975년 정신의학자이며 철학박사 학위도 있는 레이먼드 무디가 이 분야의 베스트셀러 『삶 뒤의 삶』Life after Life을 출판했을 때 처음으로 알려졌다.

1981년 갤럽조사에 의하면 800만 명의 미국 성인들이 임사체험을 했다고 한다. 이 임사체험은 유체이탈 이외에도 암흑 또는 터널을 굉장히 빠른 속도로 지나가는 체험을 하거나, 눈부신 빛의 영역으로 들어가고, 최근 죽은 친구, 친지 또는 지인들로부터 따뜻한 영접을 받기도 하고, 자신의 삶이 파노라마처럼 다시 펼쳐지는 "인생 복습life review"을 경험하기도 한다.

빛의 세계를 만난 경험을 한 사람들은 형언할 수 없을 정도로 아름다운 음악 소리가 들리고 지상에서 본 것과는 비교도 할 수 없는 훨씬 아름다운 자연을 보게 되며, 아무런 고통도 두려움도 느끼지 않는 환희와 사랑과 평화의 느낌에 휩싸이게 된다.

그래서 죽음을 축복으로 느끼게 된다고 한다. 그런데 중요한 것은 이 임사체험을 한 이들의 그 후 삶에 대한 태도가 확 변한다는 것이다.

그들의 대부분은 삶의 순간을 소중히 여기고, 행복하기를 선택하고, 무생물에서도 에너지를 함께 공유하며, 자기 존중감이 매우 높아지며, 모든 환경과 여건을 있는 대로 수용한다.

그리고 타인에 대한 배려가 깊어지며, 환경과 생태계 등 생명에 대한 외경심이 높아지며, 반물질주의, 반경쟁주의의 성향으로 바뀌고, 죽음의 극복과 사후세계를 확신하며, 신에 대한 믿음이 깊어진다고 한다. 그래서 우리는 죽음의 시점에서 우리 삶을 지켜볼 때 순간의 삶은 아주 소중하고 귀한 것이 된다.

우리는 웰빙well-being을 외치지만 웰다잉well-dying이 더 중요한 부분이며, 우리의 죽음을 축복으로 받아들일 때 진정한 웰빙이 될 것이다.

이것을 깨달을 때 우리 삶 속에서 영혼의 웃음이 솟아오를 것이다. 우리의 존재 심연한 곳으로부터 평강과 자유와 기쁨이 솟아오를 것이다.

이 존재의 웃음은 우리 삶을 아름답게 하고 죽음도 축복으로 느끼며, 죽음 후의 삶도 황홀한 세계로 인식되게 한다.

왜냐하면 우리 존재 심연한 곳은 초월적인 우주와 만나는 곳이기 때문이다. 즉 신의 영역과 만나는 곳이기 때문이다.

존재의 웃음

헨리 나우엔은 영혼을 맑게 해주는 주옥 같은 글로 현대인에게 많은 영향을 끼친 영성학자이다. 그가 교통사고로 비장이 파열되어 죽음 직전의 장벽까지 갔다가 돌아온 경험으로 『거울 너머의 세상』이라는 책을 펴냈다. 그가 이 세상에서 저편의 세상으로 가려할 때 자신을 사랑했던 사람들과 자신이 사랑했던 사람들은 모두 편안한 마음으로 그를 보내 주려 하였다고 한다.

그러나 자기가 용서하지 못했던 사람들, 자기를 용서하지 못했던 사람들은 그를 꽁꽁 묶어 보내지 않으려 했다고 한다. 그래서 최후의 힘을 다해 눈을 떠 보니 바로 앞에 자신의 동역자 "수"라는 여자가 자신의 임종을 지켜보며 있었다.

그래서 있는 힘을 다해 모기만한 소리로 "나를 용서하지 못했던 사람들에게 이렇게 전해 주세요. '용서해 주세요. 용서해 주세요.'" 또 "내가 용서하지 못하고 있는 이들에게 '용서합니다. 용서합니다'라는 말을 전해 주세요"라고 말을 하고 나자 자신을 꽁꽁 묶고 있던 가죽벨트가 끊어지며 평안한 마음으로 저편의 세상으로 갈 수 있게 하였다고 한다.

헨리 나우엔은 피를 삼분의 이나 쏟았지만 기적적으로 살아서 그때의 영적 경험을 우리에게 전해 주고 있다.

용서는 임종시에 해결할 문제가 아니라 지금 여기에서 해결해야 할 문제다. 그래야만 인생의 짐을 덜고, 묶였던 사슬을 풀고, 자유혼으로 평화롭게 살아갈 수 있다.

그래서 세계 호스피스협회 회장을 지냈고, 세계 고통완화협회 회장을 지낸 바 있는 정신과 전문의 아이라 바이옥은 그의 경험을 통해 인생에서 가장 중요한 말 네 가지를 이야기했다.

그것은 "용서해 주세요", "용서합니다", "감사합니다", "사랑합니다"라는 네 가지 말이라고 한다. 그리고 이 네 가지 말은 "지금 여기"에서 하는 것이 인생을 가장 자유롭게 살 수 있는 비결이라 하였다.

앙트완이라는 흑인 소년은 어릴 때부터 가출하여 술과 마약으로 살기 시작했다. 인생의 밑바닥에서 소망 없이 살던 이 소년은 18세 때 사생아 딸을 하나 낳아 보육원에 버리고 자신의 타락된 인생을 살았다. 20대 초반에 AIDS에 걸려 33세에 드디어 인생의 마지막을 맞이하게 되었다.

임종이 가까울수록 그에게는 간절한 소원이 한 가지 생겨났다. 유일한 혈육인 그의 딸을 한번 만나 보고 죽는 것이었다. 수소문 끝에 그의 딸 양켈과 연락이 되었고 그의 딸은 그를 만나러 왔다.

서로 만났지만 헤어져 있던 15년의 세월 속에 서먹서먹하여 서로 모습만 쳐다볼 뿐 서로 이야기를 꺼낼 수 없어 1시간을 소비했다. 드디어 앙트완이 용기를 내어 말을 했다.

"내가 너에게 너무 못할 짓을 하고 가는구나."

"나 없이도 네가 이렇게 예쁘게 잘 자라 주어 고맙구나."

"이 못난 아빠를 용서해 줄 수 있겠니? 딸아, 사랑한다."

이 말을 들은 딸 양켈은 한동안 눈물만 흘리다가 대답을 했다.

"나는 아빠가 없는 줄 알고 살아왔는데 그래도 당신이 나의 아빠가 되어서 고마워요. 물론 용서하구 말구요. 아빠, 저도 사랑해요."

앙뜨완은 자신을 옭아매던 사슬이 풀리고 바위 덩어리 같던 무거운 짐을 내려놓았다. 그리고 얼굴에 평안한 미소가 떠올랐다.

부녀는 이 세상에서 가장 중요한 말 "용서해 주세요", "용서합니다", "감사합니다", "사랑합니다"를 모두 했다. 그리고 편안한 마음으로 3시간 후 저 세상으로 건너갔다.

'지금 이 순간'을 용서, 감사, 사랑으로 살 때 우리는 생각의 세계를 지나 감정의 세계를 통과하여 영혼 가장 깊은 곳에 있는 존재의 세계로 내려간다. 그 곳은 신과의 만남이 있는 세계이며 가장 참된 평화와 참된 자유와 참된 기쁨이 존재하는 곳이다.

웃음이라는 말은 "위로 솟는다"는 말이다. 존재의 세계에 있는 참된 평안, 참된 자유, 참된 기쁨을 위로 솟게 하는 것이 영혼의 웃음이다. 우리가 몸으로 웃고, 마음으로 웃는 것이 중요하지만 무엇보다 더 중요한 것은 영혼의 웃음이다. 이것을 존재 웃음이라 한다. 이 웃음에는 과거와 미래가 없다.

지금 이 순간의 존재에 대한 소중함만이 있으며 이것은 사랑과 감사와 용서로 다시 나타나서 영혼의 끝없는 기쁨의 웃음을 우리에게 선물한다.

6

인생에서 가장 중요한 것

사람들은 누구나 행복하길 원한다. 우리 삶의 가장 큰 목적이 있다고 하면 바로 행복한 삶일 것이다.

그러나 우리 삶에 원하지 않아도 고통은 찾아온다. 행복과 고통은 거의 같은 비율로 오는 것이 삶의 본질이다. 그리고 '이 고통이 끝나면 행복이 오겠지'라고 생각한다. 그러나 행복은 고통의 끝이 아니고 고통 또한 행복의 끝도 아니다. 행복은 끊임없이 우리가 선택해 가는 과정이다.

과연 행복이 무엇일까? 너무나 유명한 정신분석학자 프로이드는 인간은 '쾌락추구'의 본능이 있으며 그래서 인간의 행복은 즐거움이라고 주장하였다.

그러나 1940년대 유명한 빅터 프랭클은 아우슈비치 가스실 앞에서의 인간 본능을 관찰하며 죽음의 가스실 앞에서도 삶의 의미를 상기하고 잠시나마 행복해질 수 있다는 것을 발견하여 행복은 '의미'라고 주장하였다.

그래서 사람들은 행복하기 위해 즐거움을 찾고 의미 있는 일을 하려고 한다. 행복 추구의 본성이다.

근자에 이르러 웰빙well-being 열풍이 불고 있다. 그런데 많은 이들이 육체적 웰빙에 치우쳐 운동과 건강식이, 그래서 다이어트가 웰빙이라는 잘못된 믿음이 있는 것 같다.

존재는 영어로 Being이다. 그리고 well-being은 정신적, 영적 웰빙이 중요하고 웰엔딩well-ending이 전제되어야 한다.

우리의 죽음이 비참하거나 후회 많은 죽음이라면 잘 살았다고 할 수 없다. 그래서 죽음의 선상에서, 현재를 바라보면 많은 삶의 지혜를 얻을 수 있다. 죽음은 삶의 선상에 있고 삶의 결과물이다.

자기 앞에 있는 임종 환자들에게 최선을 다해서 돌봐 주며 임종시 인간이 겪는 감정의 5단계를 밝힌 엘리자베스 퀴블러 로스 여사는 임종시 사람들이 가장 많이 후회하는 것이 못다한 행복에 대한 아쉬움이라고 했다. 그래서 임종시 후회하지 않을 행복한 일을 지금 이 순간에 당장 하라고 한다.

또 세계 호스피스협회장을 지냈고 세계 고통완화협회장을 지내며 많은 임종 환자들의 고통을 보살펴 주었던 아이라 바이옥은 임종의 순간까지 꼭 해야만 하는 인생에서 가장 중요한 말 네 가지를 꼽았는데 그것은 "용서해 주세요", "용서합니다", "감사합니다", "사랑합니다"라는 말이라고 하였다.

이것은 임종을 지켜보고 그들을 보살피며 체험적으로 얻은 지혜이다. 그래서 지금 이 순간 우리는 용서와 감사와 사랑의 삶을 살아가는 것이 가장 인생을 행복하게 또 well-being의 삶으로 인도해 가는 것이다.

우리는 인생에서 아래 네 가지 질문을 하고 이 답을 실천해 갈 때 진정한 웰빙의 삶을 살 수 있다.

네 가지 질문은 이것이다.

1. 나의 인생에서 가장 중요한 시간은 언제인가?
2. 나의 인생에서 가장 중요한 사람은 누구인가?
3. 나의 인생에서 가장 중요한 일은 무엇인가?
4. 나의 인생에서 가장 중요한 말은 무엇인가?

개인마다 조금씩 다르게 주장할 수 있겠지만 고금의 현자들, 많은 인생의 스승들은 이렇게 답변하고 있다.

1. 지금 이 순간.
2. 내 앞에 있는 사람(나를 포함).
3. 행복 선택.
4. 용서해 주세요. 용서합니다. 감사합니다. 사랑합니다.

지금 이 순간의 진리를 깨달으면 우리는 생각의 감옥에서 탈출하고 감정의 늪에서 빠져나와 영혼의 깊은 세계 '존재의 세계'로 갈 수 있다. 이 존재의 세계만이 참된 자유, 참된 기쁨, 참된 평안이 있는 곳이다.

웃음이란 뜻은 "위로 솟는다"는 뜻이다. 지금 이 순간, 우리가 내 앞에 있는 사람(나를 포함)에게 최선을 다하고, 행복을 선택하며, 용서, 감사, 사랑의 마음으로 살 때 내 영혼의 참된 자유와 참된 기쁨과 참된 평온은 위로 솟아 내 삶을 지배하게 된다.

이것이 존재 웃음이다. 우리 삶에서 가장 중요한 웃음이 자존감의 웃음이라면 이 존재 웃음은 삶과 죽음 그리고 죽음 이후의 삶을 통털어 가장 중요한 웃음일 것이다.

용서는 나를 위한 일이다

KBS 스페셜 "용서"라는 프로에 희대의 살인마 유영철에게 아내와 자식, 며느리, 손자녀까지 가족이 모두 살해 당한 한 할아버지가 유영철을 용서하는 장면이 있었다.

그는 그의 마음을 그렇게도 괴롭혀 왔던 그 사건으로 불면증에 시달리며 처절한 증오심으로 살아왔는데 감옥으로 가서 살인자를 면회하고 용서한 다음부터 평안을 얻고 잠도 잘 잘 수 있었다고 한다. 그의 마음속에 있던 살인자를 드디어 떠나 보낸 것이다.

그렇다. 용서에서 중요한 점은 이것이 상처를 준 상대를 위한 것이 아니라 바로 나 자신을 위한 일이다. 우리가 분노할 때 가장 상처를 받는 사람은 바로 자신이다. 용서는 우리를 자신의 분노에서 자유로워지게 할 수 있다. 분노 그 자체가 죄는 아니지만 내버려 두면 내면이 독으로 곪아터질 수도 있다. 용서를 통해 자신이 뼈아픈 분노의 불길로부터 벗어날 수 있다. 용서는 나를 사랑하는 행위이다.

그런데 흔히 오해하기 쉬운 것은 용서하는 것과 잊어버리는 것을 같다고 생각하는 것이다. 잊는다는 것은 잠시 가려 놓은 쓰레기처럼 그 속에서 언젠가는 다시 나타나는 것이지만 용서는 말끔히 쓰레기를 치워 버리는 것이다. 입으로는 잊었다고 하지만 마음의 고통 한 가운데 상처 준 그 사람을 버젓이 앉혀 두고 있는 사람들이 의외로 많다.

또한 용서한다면 고통이나 슬픔을 느껴서는 안 된다는 것으로 받아들이기도 하지만 충분히 고통과 슬픔의 과정을 겪고 지나가는 것이 더 건강하고 적절한 모습이다.

얼마 전 노인 복지관에서 중풍 환자 분들과 4시간 웃음 치료를 한 적이 있다. 감사와 용서에 관한 강의 도중 한 할머니가 갑자기 언성을 높여 분노를 표출하였다.

자식들이 보살피기는커녕 날마다 구박까지 하니 이런 상황에서 무슨 감사고 무슨 웃음이 나올 수 있겠느냐는 것이다. 웃음보다 빨리 죽는 법이나 가르쳐 달라는 것이다. 그분의 눈은 화와 분노로 매우 불안정해 보였다. 중풍으로 한 쪽이 마비되어 보조기구를 사용해야 겨우 움직일 수 있는데 그러한 불편함보다는 마음의 상처가 너무 깊었다. 그 할머니에게 가장 필요한 것은 그래도 자식들을 용서하고 사랑하는 마음일 것이다.

용서는 자신을 공평하게 대우하는 유일한 길이고 용서를 통해 그 할머니 자신이 안고 있는 분노의 불길로부터 벗어날 수 있기 때문이다. 상처가 깊은 만큼 용서하는데 많은 시간이 필요할지도 모른다. 그러나 미워하는 습관을 깨는 과정을 계속 반복하면 용서할 수 있으리라. 자식들이 구박하는 말투마다 그 자리에서 웃어 버리라고 하였다. 웃어 버려! 웃음법을 실습까지 하면서······.

심리학자 리잼폴스키 박사는 마음의 평화와 웃지 못하는 삶을 방해하는 생각들을 청소하기 위해서는 용서가 가장 큰 해결책이며 하루에 한번씩 "5분 용서 시간"을 가질 것을 권한다.

용서는 삶의 무게를 놀랍도록 가볍게 만들어 준다.

조용필의 노래 "Q"의 가사는 용서의 중요성을 잘 노래했다. "너를 용서 않으니 내가 괴로워 안 되겠다. …… 너는 나의 인생을 쥐고 있다 놓아 버렸다. 그대를 이제는 내가 보낸다…….”

세 가지 버려야 할 부정적 사고

부정적인 길들이기가 우리 시대를 정신적 난쟁이로 만들고 있다.

광릉의 분재 예술 공원에 가면 매우 큰 소나무, 잣나무 등을 볼 수 있는데 한편 정원에는 많은 분재들이 그 예술성을 뽐내고 있다. 그러나 그 분재들은 예술적으로 보려고 해도 왠지 불편하고 안쓰러운 감정이 먼저 드는 것은 왜 그럴까?

분재나무 수령이 40년에서 100년 가까이 되었다고 친절하게 기록되어 있는데 겨우 40~50cm 정도의 키밖에 안 되는 것은 분재 기술자의 노력과 기술이 대단하다고 볼 수밖에 없지만 꼭 저렇게 난쟁이로 만들어야 할까? 옆의 소나무들은 약 20m정도의 크기로 우람한 자태를 뽐내는데, 분재는 저렇게 가지 끝을 자르고, 철사로 꽁꽁 묶어 못 자라게 매어 놓아야만 했을까?

토양도 좁은 화분 속에 양분을 억제하여 자라지 못하게 하고, 또 매년 다른 화분에 옮겨 심어 뿌리가 안정된 활동을 하지 못하게 한다고 한다.

사람들은 예술이라는 이름하에 참으로 잔인하기도 하다.

그런데 분재나무처럼 살아가는 사람도 많이 있다.

"나는 가난해", "나는 학벌이 없어", "나는 줄이 없어", "나는 연약해" 이런 핑계를 대며 위로 자라지 못하게 스스로 가지를 잘라 내고, 자신을 철사 줄로 꽁꽁 묶어 버리는 사람이 의외로 많음을 발견한다.

이런 부정적 사고의 반복은 뿌리가 뻗어 나가지 못하고 스스로 성장점을 잘라버려 정신적 난쟁이, 정신적 미숙아로 머물러 있게 한다.

분재나무가 분재화분에서 벗어나 좋은 자양분이 가득한 땅에 심으면 다시 큰나무로 성장하듯이 사람도 부정적 사고에서 빨리 벗어나 적극적인 사고로 밝은 미래를 향해 성장해야 한다.

부정적 사고에서 벗어나기 위해서는 세 가지를 버려야 한다. 과거에 죄책감과 수치스러운 일, 미래에 대한 두려움, 현재의 비교라는 질병을 버려야 한다.

그리고 나는 모든 것이 잘될 거라고 늘 "자기달성 예언 SFP"을 하며 스스로에게 주문을 걸어 보자. 프랑스의 유명한 자기암시 창시자 에밀꾸에가 수천 명의 질병을 이 자기달성 예언으로 고쳤다.

현대의 정신적 난쟁이들도 "나는 모든 면에서 점점 더 좋아지고 있다"고 외치며 모든 걱정과 염려와 두려움을 날려 버리는 호탕한 웃음으로 새롭게 출발한다면 그 많은 정신적 난쟁이들은 다 크고 기품 있게 성숙할 것이다.

앞으로 하겠다고 생각하면 평생하지 못한다. 중요한 것은 지금 여기이다. 지금 여기서 바로 웃자.

고통의 파도가 밀려올 때

2006년 12월은 정말 힘든 달이었다. 매일 두 번의 강의 일정을 소화하다보니 목은 최악의 상태로 떨어져 이러다가 성대 결절이 오는 것은 아닌지 걱정이 되었다.

전방의 각 부대로 가는 길들은 눈으로 덮여 운전하는 데도 여간 신경 쓰이는 일이 아니다. 양구, 인제, 원통, 화천의 겨울은 다른 지방보다 훨씬 춥다.

그러나 장병들의 눈망울을 생각하면 추위와 피곤쯤은 아무것도 아니다. 그런데 딱 하루는 이 곳에서 멀리 떨어진 삼척 00사단 신병 교육대의 강의가 들어 있었다. 인제에서 오후 강의 끝나고 3시간여에 걸쳐 삼척으로 가니 벌써 어두운 밤이 되었다.

36년 전의 아름다웠던 추억이 떠올랐다. 삼척 해수욕장은 우리 모교 휴양소가 있는 곳이었고 그 휴양소(해양생활관) 개소기념으로 1970년 여름 1주일간 전 해수욕장에 음악을 틀어 주고 신청곡을 받아 사연과 함께 음악 배달을 해주던 곳이었다.

바닷가 바로 앞의 숙소에 여장을 풀고 맛있는 곰칫국으로 저녁을 먹었다. 김치와 함께 끓인 곰칫국이 이렇게 맛있다니…….

숙소에 올라와 깜깜한 겨울 바다를 아무 생각 없이 쳐다보는데 환한 등불을 켜고 바다 한가운데 배들이 떠 있다.

'여름도 아닌데 겨울에도 오징어를 잡나?'

잠시 낭만적이라고 생각했으나 곧 정신이 들며 '저들은 얼마나 추울까?' 칼바람 속에 생업을 위해 파도와 싸우는 어부들에게 매우 미안한 생각이 들었다. 우리가 낭만적으로만 생각하는 겨울 바다에서 삶을 위한 소득을 올려야 한다면 얼마나 고통스럽겠는가?

그러나 인간의 삶에서 고통스런 일이 파도처럼 종종 다가오지만 그것을 내 삶의 일부로 받아들이면 그런 대로 또 견디며 살아갈 수 있다. 내가 생각하지 못하는 그들 만의 기쁨과 보람도 있을 것이다.

신병 교육대의 강의는 일반 기성부대와는 분위기가 너무 다르다. 강당을 꽉 채운 훈련병과 기간병 약 500명 정도는 되어 보이는데 강단과 좀 떨어져 있어 약간은 불편하다.

사회에서 자유인으로 마음대로 활개치며 살다가 처음 군대란 곳에 와서 엄격한 군율 속에 묶여 훈련을 받는 저들의 눈망울에는 무슨 생각이 담겨 있을까? 무엇을 원할까? 지금 저들에게 가장 필요한 것이 무엇일까? 앞으로 2년 가까이 군 생활을 해야 하는데 미지의 삶에 대한 두려움이 있지 않을까? 저들 중 30%는 부대에 잘 적응하지 못한다는데…….

욕설과 구타 등의 비인격적인 군 행동은 다 사라지고 지금의 군 환경은 많이 좋아졌다고 하는네 오히려 적응률이 떨어지는 것은 무슨 이유일까? 지금의 젊은이들이 나약한가? 사회 적응을 못하는 개인주의자들이 많은가? 지금 이 순간 저들에게 무슨 강연이 그들 생에 절실히 도움이 되는 말이 될까? 짧은 시간이지만 많은 생각과 번민을 하게 만든다.

'그래 맞아! 웃음의 핵심은 자존감이잖아!
웃음으로 두려움을 몰아내고 자존감을 팍팍 올려 주자!
웃음으로 부정의 마음을 긍정의 마음으로 바꾸어 놓자.
웃음으로 걱정 근심의 짐을 덜어 주자.

감사하는 마음, 용서하는 마음, 칭찬하는 마음, 자신을 소중히 여기고 사랑하는 마음을 웃음과 더불어 열정을 더해 강의하였고 모든 신병들은 점점 빨려 들어오고 있었다. 그들이 아무 사고 없이 군 생활이라는 기간을 통해 성숙되고 건강한 사회인으로 재창조되는 귀한 열매가 맺기를 간절히 바라는 마음으로 강의했다. 강의 후 훈련병을 지도하는 교관들이 일렬로 쭉 도열해서 진심으로 감사의 마음을 전해 주었을 때 '참으로 보람 있는 일을 하고 있구나' 라는 생각이 들었다.

춥고 차가운 바다. 매서운 칼바람과 모진 파도 위에도 뱃사람들은 떠 있었다. 삭막하고 힘들고 두려운 군대에도 훈련병들은 있었다.

모두 "하하"하고 웃는 날도 있을 것이다. 그리고 기쁨으로 열매를 거두는 날도 있을 것이다. 그러저러하며 우리는 하루하루 살아 나가는 것이 아닌가?

겨울 바다에도 군부대 안에도 씩씩하게 사는 사람들이 있듯이…….
세상에는 이런 사람들이 대부분일 것이다.
웃다 보면 좋은 날도 오는 것! 우하하하하하하하하…….
그래서 또 웃어야지!

'불구하고'의 감사

이지선 양을 기억하는 이들이 아직도 많을 것이다. 필자는 이지선 양에게 "저런 삶으로도 저렇게 감사할 수 있다니……" 하며 경의의 마음을 표하곤 한다.

이지선 양은 이화여대 유아교육과 4학년이었다. 도서관에서 공부하다 오빠 차를 타고 집으로 가는 도중 삼각지 부근에서 신호대기 중이었다. 그때 전속력으로 달려드는 만취한 운전사의 차에 받혀 중앙선 너머로 밀려났고 마주 오는 차와 충돌해서 불이 나기 시작했다. 차 밖으로 튕겨 나와 기절했던 오빠가 정신을 차리고 보니 동생이 차 속에서 불에 타고 있었다. 정신없이 꺼내 옷을 벗어 불을 껐다. 동생을 꺼낸 지 10초 후 차는 폭발했다. 전신 화상, 55%가 불에 탔다. 대한민국 1등 화상 환자이다. 이 기막히게 불행한 사고는 지선 양을 감사의 사람으로 새로 태어나게 했다.

겨울의 찬 공기에도 감사하고, 눈으로 세상을 다시 볼 수 있다는 것만으로도 감사했다. 자기를 보고 괴물이라고 따라다니는 아이들을 보고도 감사했고, 사고를 낸 가해자 가족이 찾아오지 않은 것에도 감사했다(찾아와 만나면 미운 마음이 생길지도 모르니까). 지선 양은 이 세상의 모든 자연과 부딪치는 모든 사건과 만나는 모든 사람들에게 감사했다.

미국에서 재활 심리학 석사과정에 있는데, 어느 방송국 기자가 찾아가 인터뷰를 했다. 그 기자는 과거 예쁜 얼굴로 되돌릴 수 있다면 과거로 돌아가겠냐는 우문을 던졌다. 그런데 지선 양의 대답은 감동이었다.

"제가 이 사건을 통해 감사하는 사람으로 다시 태어났어요. 감사하는 마음으로 보면 지금 이 얼굴도 아름다워요. 저는 이대로 그냥 살래요."

웃음의 마음은 감사하는 마음이다. 늘 감사하는 마음을 가질 때 늘 웃음이 머문다. 곰곰이 생각하면 이 세상에서 감사 안 할 것이 하나도 없다. 이 글을 쓰는 볼펜과 종이도, 글을 볼 수 있는 안경도, 시계도, 핸드폰도, 신발도, 옷도, 양말도, …… 대지를 식혀 주는 빗방울도, 나무도, 물도, 햇빛도, 사물, 자연 하나하나 감사하지 않은 것이 없다.

아무리 힘든 역경과 고통도 바로 그 뒷면에는 더 많은 축복이 기다리고 있다고 한다. 우리를 힘들게 하는 환경과 사건에도 감사할 수 있다. 만나는 모든 사람에게도 감사의 마음을 가질 수 있다. 어차피 우리는 다른 이의 배려에 의해서만 살 수 있으니까…….

웃음 치료 전문가로서 가져야 할 가장 귀중한 덕목이 바로 이 감사하는 마음이다. 감사의 마음이 없이는 진솔한 웃음이 불가능하기 때문이다.

세상에 보기드문 가장 고통스럽고 힘든 화상 환자 이지선 양이 그럼에도 불구하고, 감사의 사람으로 살아가는데 우리들이 감사의 사람으로 살지 못 할 이유가 없다.

　'~ 때문에 감사' 보다 '~ 임에도 불구하고의 감사'는 영원히 마르지 않는 웃음의 샘물이다. 힘들고 어렵고 화나는 세상이다. 그럼에도 불구하고 이면에 붙어 있는 축복을 찾아 보라. 그럼에도 불구하고 행복을 불러오는 웃음을 웃어 보라. 우하하하하 하하하하하하하.

 11

금이 간 물동이

인도에 이런 우화가 있다.

한 물지게꾼에게 성한 물동이 하나와 금이 간 물동이 하나가 있었다. 이 두 물동이는 물지게꾼의 어깨 위에 걸친 물지게 양쪽 끝에 달려 우물에서부터 주인집까지 먼 길을 물을 담아 나르는 역할을 했다.

물을 나르는 두 해 동안 항상 금간 물동이에서는 물이 새서 반밖에 나르지 못했다. 성한 물동이는 자신의 임무를 완전히 수행하였기에 스스로 자랑을 하고, 금간 물동이를 무시했다. 금간 물동이는 자신의 임무를 반밖에 수행하지 못하였기 때문에 자기 흠이 부끄럽고 창피했다. 그래서 하루는 금간 물동이가 지게꾼에게 하소연을 했다.

"저는 내 흠 때문에 지난 두 해 동안 성한 물동이에 비해 물을 절반밖에 나르지 못했어요. 그래서 당신에게 미안하고 나 자신도 부끄러워요."

물지게꾼은 금간 물동이가 측은해서 이렇게 이야기했다.

"그렇게 부끄러워 할 필요가 없단다. 이따가 집으로 가는 길에 길가의

제2부 존재 **97**

예쁜 꽃들을 잘 보거라."

정말 집으로 돌아올 때 길옆을 보니 아름다운 꽃들이 탐스럽게 피어 있었으며, 그들을 보니 마음이 조금은 밝아져 왔다. 그러나 집에 도착하니 반이나 새 버린 물 때문에 또다시 우울해졌다. 그래서 지게꾼에게 다시 자신의 결함을 아뢰고 사죄했다.

그러자 지게꾼이 물동이에게 다시 말했다.

"네가 본 꽃이 한쪽으로만 피어 있었고 그 반대편에는 꽃이 없는 것을 보았느냐? 나는 네가 있는 쪽에만 꽃을 심었고 우물가에서 올 때마다 그 꽃씨에 물을 주었단다. 그래서 2년 동안 주인님 식탁에 아름다운 꽃을 장식했고, 주인님 집을 아름답게 꾸밀 수 있었단다. 네가 금이 가지 않았으면 이렇게 아름답게 꾸밀 수 없었겠지?"

금간 물동이는 어리벙벙했다. 그리고 깨달았다. 자신의 존재 목적이 우물에서 집까지 물을 길어오는 데만 있는 줄 알았는데 길가의 꽃들에게 생명을 주는 멋진 역할도 하였다는 것을…….

그래서 금간 물동이는 이제 성한 물동이와 비교하지 않기로 작정했고 있는 그대로 행복하게 지내기로 했다.

우리는 많은 경우 남과 비교함으로 열등감에 빠지고 슬퍼지기도 하고 비관하기도 한다. 왜냐하면 우리는 어릴 때부터 자신의 재주·용모·지능·능력들을 남들과 비교하는 환경 속에서 자라왔기 때문이다.

우리나라 초·중·고·대학뿐만 아니라 유치원도 들어가기 전에 이미 비교의 생존은 시작된다. 그래서 그들의 가치는 서열로 매겨지고 비교에 의해 자존감이 상실된 아이들이 양산된다.

그러나 우리의 존재가치는 모두 동일하다. 금간 물동이가 좁은 시야에서 눈을 돌려 자신의 귀한 존재가치를 깨달은 것처럼 우리도 좁은 시야에서 눈을 들어 주위를 살피면 자신도 이 세상에서 귀한 가치를 가진 존재라는 것을 깨달을 수 있다. 그래서 행복할 수 있다.

우리가 살아가며 좁은 시야에서 눈을 돌리는 좋은 방법은 웃음이다.

필자는 인생의 절망에서 웃음으로 자신의 존재가치를 깨닫고 행복을 만들어 가는 예를 많이 보아 왔다.

포기할 수밖에 없었던 목숨을 웃음으로 살리고, 깨질 수밖에 없었던 가정을 웃음으로 회복하고, 질병으로 좌절의 끝에서 웃음으로 치유되고, 사형수의 지옥 같은 환경에서도 웃어서 이겨 낸 기적 같은 사실들을 보고 있다.

그래서 웃음은 절대 포기할 수 없는 마지막 희망이다. 웃으면 진정한 자기 자신으로 살 수 있다. 남에 의해 좌우되는 인생이 아니라 진실로 자기 자신 만이 열어가는 인생이 될 것이다.

지나가리라 웃음

어느 젊은이가 경제 사범으로 6개월의 실형을 선고받고 복역 중이었다. 그는 한기가 스며오는 감방 벽에 웅크리고 기대어 6개월의 긴 시간을 어떻게 보내야 하나 하는 불안감에 떨고 있었다.

그런데 벽에 아주 작은 글씨가 써 있는 것을 발견했다. 자세히 보니 이렇게 쓰여 있었다. "이것 또한 지나가리라." 그는 매일 매일 힘들고, 고통스럽고, 절망할 때마다 이렇게 외쳤다.

"이것 또한 지나가리라."

주문 외듯이 매일 "이것 또한 지나가리라"를 읊조리며 지냈더니 6개월이 금새 지나가 버렸다. 출소하며 그는 결심했다. 이 문구를 내 평생 주문으로 사용하겠다고…….

그 후 회사 일로 어려움을 겪을 때도 "이것 또한 지나가리라"라고 외치며 웃었고, 가정에 문제가 생길 때도 이 말을 외치며 웃었다. 출퇴근시 교통이 꽉 막혀 꼼짝할 수 없을 때도 이 말을 외치며 웃었다.

이렇게 사니 세상일이 잘 풀려 가는 듯했다. 그런데 중년기에 덜컥 간암이 찾아왔다. 그러나 늘 긍정적인 마음으로 치료했고 "이것 또한 지나가리라"고 외치며 웃었다. 3년 후 주치의는 "간암이 지나갔네요"라고 그에게 말했다. 그의 삶은 "이것 또한 지나가리라"로 행복하고 만족한 삶을 살았다. 드디어 인생의 종착역에 다달았다. 모든 기운이 소진한 가운데 임종을 맞게 되었는데 그는 장남을 불러 귀에 대고 모기 소리만하게 외쳤다.

"이것 또한 지나가리라."

죽음의 두려움과 공포를 '지나가리라'로 이겨내기 위함이다. 장사한 후 일가 친척이 그의 장남에게 유언이 무엇인가 물었다. "이것 또한 지나가리라"는 것이 유언이었다고 대답했다. 그래서 그들은 상실의 슬픔, 상처의 아픔을 "이것 또한 지나가리라"로 이기고 살게 되었다.

세상을 살아갈 때 고통, 두려움, 걱정, 근심, 절망, 슬픔 등 어려움이 늘 우리에게 다가온다. 그런데 이들은 우리가 통과해야 할 정신적 감옥과도 같다. "이것 또한 지나가리라"고 외치며 모든 상황에 적극적으로 대응할 때 이런 정신적 감옥을 잘 통과할 수 있다.

우리는 미래가 불확실하여 늘 불안하다. 그래서 두려움을 가지고 살아간다. 그런데 이 불확실성을 우리가 알고 무엇이든지 지나가리라는 확신을 가지면 두려움은 녹아 없어진다. 그래서 "이것 또한 지나가리라"를 외치고 그 믿음으로 살 때 우리는 평안 가운데로 들어갈 수 있다.

지금 걱정 근심이 몰려오는가? 불안과 두려움을 통과할 수 있는 말 "이것 또한 지나가리라"를 외치며 웃는 사람이 되자!

우울증 탈출

"내가 어디서 편지 쓰고 있는지 아십니까? 작은 책상 하나를 밖으로 내왔죠. 그리곤 녹색 덤불들 사이에 조용히 앉아 있답니다. 오른쪽에는 향기로운 노란색 나무들이 서 있고 왼쪽으로는 쥐똥나무 덤불이 있지요. 그리고 눈앞에는 커다랗고 잘생긴 은백양 나무들이 서 있습니다. 그 하얀 잎들이 천천히 지친 듯 바람결에 바스락거리고 있어요. 이 얼마나 아름다운지 얼마나 행복한지……. 축제의 분위기가 나를 감싸는군요. 저 넘치도록 충만한, 풍부하게 익은 여름은 나를 한없이 행복하게 느끼게 하네요."

이 편지는 평범한 사람이 쓴 편지가 아니다. 이 편지는 로자 룩셈브르크라는 여자가 쓴 편지로 3년째 감옥 생활을 하고 있었다. 그녀의 수감 기간은 언제까지 될 줄 모르고 감옥 속의 음모, 지루함, 미래에 대한 불확실함 등이 있었으나 그녀에게는 그것들을 넘어서는 강한 무엇인가 있었다.

그녀는 같은 해 겨울에 다음과 같이 편지를 썼다.

"나는 이 겨울의 어둠과 권태로움, 그리고 부자유의 검은 시트들로 층층이 몸을 감고 조용히 혼자 누워 있습니다. 그런데 나의 마음은 어떤 알 수 없는 낯선 내적 기쁨으로 쿵쿵거립니다. 마치 빛나는 태양 아래에서 꽃들이 피어나는 잔디밭을 걷고 있는 듯합니다. 내가 언제나 아무런 특별한 이유 없이 기쁨의 환희에 사는 것, 이것이 얼마나 기이한 일인지요."

그녀는 감옥 속에서도 행복했다. 그녀는 자신의 행복이 어디서 오는지 어느 정도는 추측했다. 좀 더 큰 일을 위해 감옥에 갇혀 있는 것이라는 확신, 즉 자신이 겪는 고통은 의미 있는 것이라는 생각이 갖가지 불안을 떨치는 그녀의 동력을 더욱 강화시켜 주었다.

이것은 그 후 빅터 프랭클이 아우슈비치 형무소 가스실 앞에선 사람들에게서도 삶의 의미를 강하게 느끼는 사람은 순간순간 행복할 수 있다는 사실을 확인하였다.

그러나 기쁨에 대한 그녀의 뛰어난 능력은 무엇보다도 그녀의 강렬한 지각 덕분이었다. 새들의 노랫소리나 나뭇잎이 바스락거리는 소리, 그에 대한 경탄이 바로 자신이 누리는 행복의 근원임을 스스로 인식하였기 때문이다. 그래서 우울과 불안이 찾아올 때 긍정적으로 생각을 바꾸었다.

인간에게 감각적 인지와 그 사람의 기분 상태는 밀접하게 연결되어 있다. 우울한 상태에 빠져 있을 때는 외부 세계에 대한 관심이 사라진다. 꽃도 아름답지 않고 아름다운 경관도 전혀 느끼지 못한다. 우울한 사람은 자신의 내면에만 시선을 돌리고 오로지 자신의 문제와만 지루한 싸움을 하게 된다. 그리고 자신이 겪는 비참함의 원인이 무엇인지 캐내고자 생각에 생각을 거듭하며 분노에 사로잡힌다.

그러나 외부 세계에 시선을 돌릴 수 있다면 근심과 불안은 상당히 사라진다. 다른 사람과 다른 문제들에 몰두하게 되면 어두운 감정의 고리는 깨어지게 된다. 사물을 긍정적으로 보는 생각 바꾸기를 연습하면 우울에서 빠져 나올 수 있다.

"긍정적으로 생각 바꾸기"는 우리 삶에서 매우 중요한 순간순간의 지혜이다. 이렇게 하기 위해서는 웃는 방법이 탁월한 효과를 발휘한다. 웃음은 긍정적인 마음을 일으키는데 효과가 빠르다. 그래서 부정적인 마음을 몰아낸다.

행복하기 때문에 웃는 것이 아니라 웃기 때문에 행복하다는 윌리엄 제임스의 명언을 다시 한 번 마음에 새겨 볼 만하다.

자기 만의 집요한 생각의 감옥에서 빠져 나와 외부 세계에 시선을 돌려 다른 세계와 다른 이들에게 관심을 갖는 방법으로 먼저 웃음을 선택하자. 그러면 아름다운 세계가 자신 앞에 펼쳐지는 것을 느낄 것이다.

웃음의 철학

　알폰스데켄은 독일의 철학자이다. 그는 죽음에 관한 연구를 많이 하였으며 '생사학'의 학문 보급에 힘썼으며 호스피스의 교육에 많은 영향을 주었다. 그는 웃는 얼굴의 4가지 철학에 대해 이야기하였다.

　첫째는 일상 생활에서 커뮤니케이션을 위한 웃음이다. 우리가 사람들을 만나 서로 인사하며 주고받는 웃음이 이에 속한다. 실제로 인간 사이에 70%정도의 웃음이 여기에 속한다고 한다.

　둘째는 배려와 사랑의 표현으로서 웃는다. 사랑하는 마음, 감사하는 마음이 있을 때 이런 웃음을 웃을 수 있다.

　셋째는 건강을 위한 웃음이다. 그렇다. 우리가 매일매일 꾸준히 운동을 하면 건강해지는 것처럼 매일 꾸준히 운동처럼 웃는다면 건강을 회복할 뿐 아니라 질병도 치유할 수 있다.

　강직성 척추염, 암, 아토피성 피부염, 각종 통증, 우울증 등이 웃음으로 치유되는 사실은 여러 정보 매체를 통해 많이 알려졌으며 대체 의학의 하나로 점점 부상해 가고 있다.

넷째는 불구하고의 웃음이다. 힘든 역경에도 불구하고, 힘든 질병에 걸렸음에도 불구하고, 사업이 망했음에도 불구하고……. 이 웃음은 평범한 사람들이 웃기에는 너무 힘들 것이다. 그러나 웃을 수 있다.

나탄 샤란스키는 유태인으로 구 소련에서 태어나 성장했다. 그는 반체제 인사로 지목되어 9년 동안 KGB에 체포된 후 수감 생활을 했다. 그 후 그는 이스라엘로 강제 추방되어 무역부 장관을 지냈다. 그가 쓴 민주주의론은 미국 부시 행정부의 민주주의 정책에 모델이 되었다. 그는 9년 수감 생활 중 1년 6개월은 사형수로 인생 절망의 골방에서 보냈다. KGB 요원이 수시로 찾아와 사형에 대한 협박을 했다. 그러나 그는 이에 대항하는 유일한 무기가 바로 웃음이었다고 한다. 그는 회고하기를 죽음으로 가는 막다른 골방 속에서도 웃는 시간만큼은 자유로웠다고 했다.

말기 암의 절망에도 불구하고 웃음으로 치유하는 사례를 많은 정보 매체를 통해 우리는 듣고 있다. 필자는 25년 전 전주 예수병원 중환자실에서 임종 직전의 말기 암 환자를 만난 일이 있는데 그분의 해맑은 미소는 필자에게 큰 충격으로 다가왔으며 '저렇게 평안한 모습의 웃음으로 생을 마감할 수도 있구나' 라는 불구하고의 웃음을 평생 잊을 수 없다.

우리는 나의 울음으로 인생이 시작되고 남의 울음으로 인생이 마감된다고 한다. 그러나 나의 웃음으로 인생을 마감할 수도 있지 않을까? 불구하고의 웃음으로…….

우리 인생은 웃고 살기에도 짧다. 불행과 절망 가운데서도 불구하고 웃고 살자.

웃음은 희망의 최후 무기이다. - 하비콕스 -

제3부

하루에 5개씩 감사의 목록을 쓸 수 있다면 그 사람의 인생은
풍요롭고 여유 있고 더 많은 웃음의 소유자가 될 것이다.
웃으면 생각이 바뀌고, 말이 바뀌고, 감정이 바뀌고, 표정이 바뀐다.
그래서 행복한 삶으로 바뀌게 된다.

Tip 3 생활 속의 웃음 실천하기

1. 웃음 라인

   집 현관 신발 벗는 곳 앞에 테이프나 스티커로 웃음 라인을 만들고 식구들은 누구든지 지나다닐 때 소리내서 크게 웃는다. 현관뿐 아니라 거실, 부엌, 안방, 자녀방, 화장실 등에도 좋다. 다른 가족들도 집안 어디 있든지 함께 소리내서 웃어 주어야 효과가 있다. 직장이나 군대의 식당이나 사무실 입구에 웃음 라인을 설치해 웃으면 된다.

2. 웃음 버튼

   자신의 신체 중 한 곳을 정해 웃음 버튼이라고 하고 언제든지 이 곳을 누르며 웃는다. 웃음 친구와 만날 때도 서로 웃음 버튼을 정해 눌러 주면서 웃으면 된다.

3. 웃음 전화

   핸드폰이나 전화로 웃음 친구에게 실제로 전화를 하든지 아니면 전화하는 모습으로 가상 대화를 하며 웃으면 남의 눈치를 안 보고 웃을 수 있다.

4. 웃음 방

   거울이 있는 방이면 더 좋고 화장실도 좋다. 거울을 보며 웃게 되면 자신의 모습이 우스워 더 웃게 된다. 거울 속 자신을 향해 "어이~ 거기 멋진 분! 웃는 모습이 좋아요. ~하하하하하하……."

5. 웃음 항아리

   웃음 항아리에 재미있는 유머, 조크 등을 가족끼리 많이 적어 넣은 후 생각날 때마다 꺼내 서로 읽어 주며 웃는다.

6. 웃음 방석

   웃음 방석을 정해 서로 뺏으며 앉아 웃기도 하고 웃음을 주고싶은 가족에게 앉으며 웃게 한다.

7. 웃음 뿅망치 또는 웃음 악기

   시간을 내서 일정 시간 동안 서로 치며, 또는 악기를 두드리며 웃는다. 아이들이 어리면 더욱 좋다.

웃음의 시작은 감사

인도의 간디는 "감사의 분량이 곧 행복의 분량"이라고 했고, 마이클 매컬러프 박사는 연구 결과로 "감사하는 마음을 가지면 숙면을 취하고, 좋은 기분을 유지하며 피곤함이 없어진다. 또한 자부심을 강화시키며 정서적 유대감을 유발하여 인간 관계를 돈독하게 한다"고 했다.

감사는 웃음의 내면의 세계다. 감사가 없으면 마음의 평화를 가져오는 진정한 웃음은 없다. 감사는 마음을 안정시켜 저절로 웃을 수 있도록 하는 마음의 상태를 만든다.

감사를 하면 실제로 얼굴은 가볍게 웃기 시작한다. 웃으려고 마음을 먹든 그렇지 않든 얼굴은 웃는다. 감사하는 마음이나 말을 하는 순간에 찡그리며 세상을 염세적으로 바라보는 사람은 없다. 행복과 건강을 가져오는 웃음의 진정한 시작은 감사로부터 온다.

세상 모든 사물과 동식물 생명체에 대한 감사를 할 때 신체 면역이 강해지는 실증적 증거도 있고, 말기 위암을 극복한 사례도 있다. 모든 것에 감사할 때 삶의 기쁨이 넘치고, 세상을 긍정적으로 바라보게 되고 용서와 사랑의 마음을 갖게 된다. 이 마음이 치료의 기본이요, 웃음 치료 효과를 극대화시켜 주는 좋은 바탕이 된다.

감사의 마음이 생물에게 뿐만 아니라 사물에게도 미친다는 놀라운 보고가 있다. 일본 에모토 마사루가 써서 베스트 셀러가 된 『물은 답을 알고 있다』를 보면 감사는 사물에 전하는 파동이 있어서 물의 결정에 영향을 미친다는 것이다. 에모토 마사루 씨가 컵 안에 담긴 물에 대고 "물아, 감사해"라는 말을 하고 물의 결정체를 찍었더니 아름다운 다이아몬드형 육각수 형체가 나왔고 반대로 "에잇 짜증나!"라는 말을 했더니 물의 결정체가 모두 깨져서 까만 형상을 띄고 있었다고 한다.

필자는 젊은 시절 몇년간 종합병원을 돌아다니며 환자들 회복을 위한 찬양을 하며 많은 환자들과 접할 기회가 있었는데, 나 자신이 볼 수 있고, 걸을 수 있고, 흔들 수 있는 손이 있는 자체만으로도 너무나 감사함을 느끼며 1주일에 한 번씩 병원에 갈 때마다 오히려 중환자들을 보고 위로받고 사랑받고 모든 사물에게까지도 진정으로 감사하는 마음을 가질수 있는 감동의 시절을 보낸 잊지 못할 추억이 있다.

우리 몸에는 하루 700~800개의 유전자 변형이 일어났다가 정상으로 돌아가는데 이때 강한 스트레스 등으로 인해 정상으로 돌아가지 못하는 유전자가 암 세포가 되어 10년 후 암이라는 질병으로 발견된다고 한다. 또한 다른 생물학적, 화학적 매커니즘에 의해 3,000여 개 암 세포가 생체내에 발생하지만 우리 몸 안에 암을 공격하는 50억 개의 NK세포가 모두 잡아 주어 건강할 수 있는 것이다.

우리가 알지 못하는 매 순간마다 우리의 면역 세포나 NK세포들의 경비 활동은 눈부신 것이며 이들 세포들에게 진정 감사의 마음을 보일 때 우리의 감사 파동은 이런 세포들을 응원하는 엄청난 힘이 될 것이라고 믿는다. 감사하는 마음으로 오늘도 웃는 하루가 되시길…….

평안과 기쁨의 에너지

웃음의 진정한 내면은 감사라고 했다. 재미있고 즐거운 일도 감사의 바탕 위에서만 깊은 의미가 있다. 웃음 치료를 할 때 가장 관심을 가지고 실천해야 하는 부분이 바로 감사이다. 그러나 그 감사거리를 주위 사람들에게서 찾으려면 곧 한계에 부딪친다.

그래서 감사의 대상을 무생물이나 동식물, 우주 공간의 모든 것들에게까지 확대해서 한 가지씩 대상을 찾아 감사하게 되면 감사의 대상은 무궁무진하고 또 왜 감사해야 하는지 그 이유도 순식간에 줄줄이 나온다.

예를 들어 바람, 하늘, 시냇물, 소나무, 구두, 바지, 새, 도봉산 등등 또 내 몸에서도 머리카락부터 발톱까지, 몸 속에 있는 모든 장기들까지 그 감사의 대상은 한도 끝도 없다. 그리고 감사의 대상으로 바지를 정했다면 왜 감사한지는 우리 머릿속에서 줄줄이 나오고, 몸 속 장기 중에서 위를 정했으면 위의 고마움에 대한 감사가 순식간에 줄줄이 나올 것이다. 감사의 대상을 가리지 않고 감사하다 보면 세상 만물이 고맙고 좋아지게 되며 우리의 심신은 평안과 기쁨의 에너지로 충만케 된다. 이런 사물에 대한 감사의 폭이 넓어지면 사람을 향한 감사도 쉬워지고 한 번의 감사는 대추나무에 연 걸리듯 마음속에 차고 넘치게 된다. 감사는 마음 웃기의 출발이며 겉으로 표현되는 웃음의 뿌리이다.

캘리포니아대학 로버트 에몬스 교수는 "사람들에게 매일 또는 매주 5개씩 고마운 것들을 쓰게 했더니 그렇지 않은 사람보다 건강이 좋고 스트레스를 덜 받는 것으로 나타났다"고 밝혔다. 하루에 5개씩 감사의 목록을 쓸 수 있다면 그 사람의 인생은 풍요롭고 여유 있고 더 많은 웃음의 소유자가 될 것이다. 사물에 대한 감사 목록을 적어 놓으면 세상이 아름답게 보이고, 사람에 대한 감사를 목록에 쓰면 사랑의 눈으로 그를 바라볼 수 있고, 상황이나 환경에 대해 감사한다면 스스로를 이겨낼 수 있는 힘이 생긴다. 목록을 적어 구체적으로 왜 감사한지를 음미하고 이유를 찾는 것은 우리의 믿음이 되고 충만한 에너지가 되기 때문이다.

우리는 모두 받는 것에 익숙해져 있다. 그래서 남의 배려에 신경을 쓰지 못하고 지낸다. 그러나 이 세상에 어느 한 가지인들 그 누군가의 배려로 이루어지지 않은 것은 하나도 없다. 이 글을 쓰는 볼펜도, 종이도, 안경도, 시계도……. 배려에 대해 감사만 하더라도 끝이 없을 것이다. 가족의 배려, 회사 동료들의 배려, 내가 모르는 수많은 사람들의 배려에 감사하는 마음만 있다면 우리는 인생을 다시 보는 지혜와 안목을 가지고 행복한 삶을 살 것이다. 감사의 눈으로 세상을 볼 때 우리 마음은 감동의 삶이 된다. 마음의 감동은 최고의 웃음이며 가장 행복한 웃음이 된다. 오프라 윈프리가 지금까지 하루도 거르지 않고 실행했던 것은 감사의 일기 쓰기였다. 감사로 가장 행복한 웃음을 웃자.

10초면 행복해진다

"인생은 해석이요, 행복은 선택이다"라는 말을 나는 좋아 한다. 우리에게 매일매일 살아야 하는 인생은 해석하기에 따라 그 방향은 너무도 달라진다. 항상 긍정적인 마음과 감사한 마음으로 인생을 해석한다면 이 세상은 아름답고 진정으로 살 만한 가치가 있는 세상이다.

행복으로 들어가는 문의 열쇠는 웃음이라고 한다. 우리가 행복을 선택하려면 웃음을 선택하면 된다. 웃음을 선택하면 10초면 행복해지기에 충분한 시간이다.

많은 사람들이 행복의 조건을 부나 권력이나 명예, 인기 등에서 찾으려고 한다. 그러나 역사 이래 이런 조건이 행복의 조건이 된 적은 없다. 이것은 우리나라 재벌들이나 역대 대통령들의 예를 보면 더욱 명확해진다.

현대는 물질만능의 시대이며 돈이면 만능으로 생각하기 쉽다. 그러나 "돈으로 침대는 살 수 있으나 단잠은 살 수 없다.", "돈으로 책은 살 수 있으나 지성은 살 수 없다.", "돈으로 음식은 살 수 있으나 식욕은 살 수 없다.", "돈으로 좋은 집은 살 수 있으나 행복은 살 수 없다.", "돈으로 약은 살 수 있으나 건강은 살 수 없다."

미국의 심리학자이며 동기부여가인 쉐드헴스테더는 인간은 하루에 5~6만 가지 생각을 한다고 말했다. 이 생각 중 75%인 3~4만 가지 생각은 부정적인 생각으로 흐른다고 한다. 그래서 사람들은 행복보다는 불행을 더 생각하며 긍정적이기보다는 부정적인 시각으로 자기를 바라보며 세상을 평가하게 된다. 그래서 많은 이들이 스트레스로 우울증에 빠진다. 그러나 우리가 웃음을 선택하면 이 3~4만 가지 생각을 긍정적으로 바꾸어 주며, 기쁘고 즐거운 생각을 하도록 만들어 준다.

억지 웃음도 95% 실제 웃음과 같은 효과를 발휘한다. 그래서 웃음은 우리의 의무이며 선택해야만 하는 필수 요소이다. 우리가 선택하지 않으면 아무 일도 일어나지 않는다. 웃음을 행동으로 선택해야만 행복해 질 수 있다.

한국은 OECD국가 중 자살률 1위의 불명예 국가다. 2005년도 통계에 의하면 10만 명당 자살자는 24.7명으로 2위 헝가리(22.6명), 3위 일본(20.3명)을 앞질렀다. 2005년에는 1만 2천 명이 자살해서 하루 평균 33명으로 약 43분마다 1명씩 목숨을 끊은 셈이다.

특히 노인층의 자살률이 높아 인구 10만 명당 자살자는 60대 54.6명, 70대 80.2명, 80대 이상 127.0명으로 노인 인구 자살률은 이 20대(17.7명), 30대(21.8명)보다 압도적으로 높다. 노령화 사회가 되어감으로 노인들이 가족 해체에 따라 부양받지 못하는데 대한 절망감이 가장 큰 원인이라 한다. 노인 복지에 대한 정부의 노력과 더불어 절망감을 이겨내는 생활 방식이 중요하다. 60대 이후 우리나라 사람들은 거의 웃지 않는다. 그러나 억지로라도 웃어야 한다.

  웃음은 절망감을 이겨낼 수 있다. 세상에는 길은 있다.

  웃음으로 자살률 1위의 불명예를 벗어나야 한다.

  웃음은 정신 세계를 건강하게 하며 희망의 길로 안내한다.

  다시 한번 강조하지만 웃음은 희망의 최후 무기이다.

걱정 근심과 웃음은 반비례

　미국 콜로라도주 록키산맥 능선에 400년 된 소나무가 있었다고 한다. 이 소나무는 벼락을 14번이나 맞아 가지가 찢어지고 영하 40도의 강추위를 이겨 내고 모진 폭풍우 속에서도 꿋꿋이 생명을 지켜 온 소나무였다. 그런데 어느 날 갑자기 시들해지며 말라 죽었다. 식물학자들이 조사한 결과 죽은 이유는 소나무 밑부분을 아주 작은 곤충이 파먹기 시작해서 말라 죽은 것이다.

　우리 인생도 걱정, 근심, 염려라는 곤충이 우리 마음을 파먹기 시작하면 우리도 죽기 시작한다.

　어니젤린스키는 인생에서 96%는 쓸데없는 걱정을 하며 산다고 했다. 즉 그의 『모르고 사는 즐거움』이란 저서에서 사람이 인생에서 하는 걱정 근심의 40%는 절대 일어나지 않을 일에 대한 걱정이고, 30%는 이미 지나간 과거 일에 대한 걱정이며, 22%는 일어나봤자 별 영향이 없는 사소한 일에 대한 걱정이고, 4%는 천재지변 등 우리가 어쩔 수 없는 것에 대한 걱정이므로 우리가 실제로 걱정하며 해결해야 할 일은 4%에 불과하다는 것이다.

그래서 그는 1년 중 "R"자가 안 들어간 달 5, 6, 7, 8월 4개월간은 즐거운 창작의 기간으로 정해 모든 일에서 손을 놓고 근심, 걱정을 하지 않으며 사는 것을 실천했던 사람이다.

우리말에 오만가지 잡생각이란 말이 있다.

미국의 쉐드 햄스터더라는 심리학자가 인간이 하루에 몇 가지 생각을 하며 살아가나 조사를 했더니 인간은 하루 4만~6만 가지 생각을 하며 살아간다고 한다. 우리 옛말이 딱 들어맞는 것이다. 그런데 그중 75%는 부정적인 생각을 하고 15%만이 긍정적이고 희망적인 생각을 한다는 것이다. 그래서 인간은 75%가 불행한 인생을 살아가게 된다고 한다.

그래서 우리는 이 부정적인 생각을 49% 이하로 낮추어야 한다. 그리고 51% 이상으로 긍정적이며 희망적인 생각으로 살아가야 한다. 그러면 그 인생은 행복한 인생으로 바뀔 것이다. 시소가 1%라도 무거운 쪽으로 기울 듯이 말이다.

사람은 어린아이일 때 하루 300~500번 웃는다고 한다. 평균 400번 웃는 것이다. 그러나 점점 자라면서 걱정 근심을 하게 되고 그런 만큼 웃음을 잃게 된다. 그래서 한국 성인들은 하루 평균 7번 정도 웃는다고 한다. 아마 러시아 다음으로 안 웃는 국민일 것이다.

걱정 근심과 웃음은 반비례 현상을 나타낸다. 걱정 근심이 어두운 그림자라면 웃음은 밝은 빛과도 같다. 웃음을 회복하면 걱정, 근심은 그만큼 줄어들게 된다. 우리가 하루 20번 이상 웃으면 대한민국 병원의 입원 환자가 반으로 줄 것이라는 농담도 있다. 걱정 근심의 스트레스에서 멀어지기 위해서는 웃음을 생활화해야 한다.

우리나라는 옛부터 유학의 전통 속에서 "웃는 사람은 어리석다", "웃으면 복이 나간다" 등의 잘못된 논리로 웃음을 구속해 왔다. "웃으면 복이 와요", "웃는 낯에 침 뱉으랴", "일소일소 일노일노 一笑一少 一怒一老" 등의 좋은 말들이 있는 데도 말이다.

사천만 국민들이 웃음을 생활화할 때까지 "박장대소 웃기 운동"을 전개해야 한다. 대한민국 국민이 모두 웃는 날 우리나라는 더욱 행복해지고 더욱 밝아지고 더욱 건강해질 것이다.

내가 먼저 웃어 주는 것이 중요하다. 혹시 미쳤다고 손가락질받을 수도 있다. 그래도 웃으면 세상은 밝아진다.

하하하하하하하하 호호호호호호호호호…….

티베트 속담에 이런 말이 있다 "당신이 세상을 향해 웃으면 그 웃음의 반은 상대방 마음에 있고 반은 당신 마음속에 남아 있다."

웃음은 서로 상생하며 화목케 하는 세상의 원리이다.

5

평화의 메시지

우리는 살면서 정말 사소한 문제가 한없이 커지는 경우를 자주 보게 된다. 예를 들면 치약을 짜는 습관 같은 사소한 문제가 결혼 생활을 파탄으로 이끄는 결정적인 이유로 작용했다느니, 운전을 가르치던 남편과 불화가 시작되어 이혼을 했다는 이야기를 심심치 않게 듣는다.

당연한 이야기지만 치약 짜는 습관이 결혼 생활을 파탄으로 이끌 만큼 큰 문제는 절대 아니다. 결혼 생활을 파탄으로 이끈 가장 근본적인 이유는 당사자가 그 문제를 늘 지나치게 심각하게 생각했기 때문이다.

"왜 저 사람은 치약을 꼭 저런 식으로 짤까?" 이런 생각은 결국 과거의 나빴던 추억을 상기시키고 감정을 악화시킨다.

"저 사람은 날 괴롭히려고 일부러 저러는 거야?"

"저 사람은 내 신경을 박박 긁는 일만 한단 말야?"

"그래 두고 봐라, 나도 생각이 있어, 복수할 거야."

이런 생각의 흐름은 자기도 모르는 사이에 순식간에 진행되고 이 생각이 감정을 자극해 분개하고 마음에 심한 상처를 입히게 된다. 운전 연습도 절대 남편 있는 데서 하지 말라고 한다.

남편은 답답해서 한마디 하고 신경질적 반응을 나타내지만 듣는 부인은 인격적인 손상을 입었다고 생각한다.

"그래, 날 무시해도 정도가 있지. 완전 바보로 취급하잖아."

"좋아, 이렇게 무시당하고 살 수 없지. 두고 봐라."

부인이 받은 스트레스는 곧 급속히 확산되어 폭발 직전의 상태로 악화되기 십상이다. 그런데 이 문제를 곰곰이 생각해 보면 상대방의 행동이 자신의 생각으로 자리잡고 이 생각은 감정을 일으키고 이 감정은 상대방에게 반응을 또 나타내게 된다. 즉 자신의 내부에서 생각과 감정으로 사소한 문제를 크게 키우기 때문이다.

우리는 생각에 대해 두 가지 반응을 한다.

첫째는 지나가는 생각이라고 무시하며 흘려 보내든지, 둘째는 그 생각을 붙잡고 거기 집중하며 그 생각을 자꾸 키워가는 반응을 한다.

그냥 흘려 보내면 아무 일도 없이 곧 생각은 다른 관심 사항으로 옮겨가지만 그 생각을 붙잡고 그것에 집중하면 그 생각은 자꾸 커지고 점점 더 크게 스트레스를 받게 되고, 결국은 나쁜 감정을 일으켜 크게 분노하여 상대방에게 악의적 험담을 포함해서 여러 가지 방법으로 공격을 가하게 될 것이다.

그래서 부정적 생각은 그냥 무시하며 흘려 보내는 것이 상책이다. 하늘에 떠 있는 구름처럼 "나"라는 자아에 손상을 입히지 않도록 그냥 흘려 보내는 것이 필요하다. 이렇게 흘려 보내는 가장 좋은 방법은 그냥 아무 생각 없이 웃어 버리는 것이다.

웃을 때는 우리 뇌 속에 생각이 자리잡지 못한다. 특히 부정적인 생각이 머릿속에서 없어지는 것이다. 기분 나쁜 생각을 하며 웃을 수 있는 사람은 아무도 없다. 또 억지로 웃으면 기분 나쁜 생각은 금새 흘러가 버린다.

웃으면 15초 만에 유쾌한 호르몬 엔도르핀이 생산되는데 이 호르몬은 스트레스 호르몬을 중화시키고 또 스트레스 호르몬 생산을 급격히 감소시키는 역할을 한다.

그래서 웃고 나면 치약을 중간부터 짜도 자기와 다른 개성으로 인정하게 되고 운전 연습 중에 듣기 싫은 잔소리도 소심한 남편이 사고 안 나도록 걱정해 주는 소리로 바꿔 들을 수가 있다. 또 생각을 키우지 않고 바로 흘려 보낼 수 있게 되어 딴 생각으로 관심을 돌릴 수 있게 된다.

웃음은 평화의 메시지이다.

사랑의 전령이다.

만병통치약이다.

부정적인 생각을 붙잡고 키우지 않기 위해서는 웃음처럼 좋은 방법이 없다.

가정의 평화를 위해 웃자.

하하하하하하하하하……!!

8만 6천 4백 원

　매일 아침 당신에게 86,400원씩 송금해 주는 은행이 있다고 상상해 보자. 그러나 당일만 지나면 잔고가 남지 않고, 매일 밤 12시가 되면 쓰지 못한 잔고는 0으로 되어 버린다.
　그러면 당신은 어떻게 하겠는가?
　당연히 은행이 시작하자마자 모두 인출할 것이다. 시간은 우리에게 바로 이런 존재이다. 매일 86,400초씩을 부여받고 있는데 좋은 목적으로 사용하지 못한 시간은 그냥 없어질 뿐이다. 잔액은 없고 물론 이 시간보다 더 많이 사용할 수도 없다. 매일 입금되는 돈을 매일 그냥 불살라 버리고 사용하지 못했다면 그 손해는 당신이 보는 것이다.
　돌아갈 수도 없고 내일로 연장시킬 수도 없다. 단지 오늘 현재의 잔고를 갖고 살아갈 뿐이다. 그래서 우리는 건강과 행복과 성공을 위해 최대한 사용할 수 있을 만큼의 돈을 뽑아 써야 한다.
　그리고 웃음을 위한 인출도 매일해야 한다.

우리가 80세까지 산다고 했을 때 약 27년은 일하는데 소모된다고 한다. 수면을 취하는 데는 약 25년, TV시청에 7년, 근심, 걱정, 고민에 소비되는 시간이 약 7년이라고 한다. 차를 타는 시간 약 4년, 화장실에서 보내는 시간이 3년 반인데 비하여 웃는 시간은 약 88일 정도라고 한다.

우리가 1년 6개월 하루 약 30분씩만 웃으면 항상 행복하고 유쾌한 날을 맞을 수 있다. 즉 하루 입금액 86,400원 중 1,800원은 웃음 몫으로 사용해야 한다. 갓난아기일 때는 하루 400번 정도 웃는다고 한다. 그러나 대한민국 성인 평균 웃음 횟수는 하루 7회라고 한다. 물론 여자는 10회 이상이지만 남자는 5회 미만이라고 한다. 그래서 여자의 평균 수명이 7년 정도 더 길다.

우리 모두가 하루 30분 정도씩 웃기로 작정하고 실천한다면 대한민국 병원에 입원 환자 숫자가 반 이하로 줄어들 수 있다는 이야기가 있다. 행복지수는 배 이상으로 올라갈 수 있다고 한다. 앞서간 현인들의 웃음에 대한 이야기를 들어보자.

"우리는 행복해서 웃는 것이 아니라 웃기 때문에 행복하다."
"웃음은 부작용이 없는 최고의 만병통치약이다."
"웃음은 희망의 최후무기이다."
"웃음은 모든 질병으로부터 우리를 보호하는 방탄 조끼이다."

여기에 웃음을 생활화하기 위한 10가지 테크닉을 소개한다.

1. 힘차게 웃으며 하루를 시작한다. 활기찬 하루는 아침에 달려 있다.
2. 세수할 때 거울을 보고 웃어라. 그 속의 사람도 나를 향해 웃는다.
3. 웃고 나서, 웃으며 밥을 먹어라. 피가 되고 살이 된다.
4. 모르는 사람에게 미소를 보내라. 마음이 열리고 기쁨이 넘친다.
5. 웃으며 출근하고 웃으며 퇴근하라. 그 안에 천국이 들어 있다.
6. 만나는 사람마다 웃으며 대하라. 인기인 1위가 된다.
7. 꽃을 그냥 보지 말라. 꽃처럼 웃으며 감상하라.
8. 남을 웃겨라, 내가 있는 곳이 웃음천국이 된다.
9. 결혼식에서 떠들지 말고 큰 소리로 웃어라. 그것이 축하의 표시이다.
10. 집에 들어올 때 웃으라. 행복한 가정이 꽃피게 된다.

행복한 오늘을 위해
하하하하하하하하하하하하하하하하……!!

생각의 선택

어느 여름 날, 젊은 실업가 한 사람이 배를 타고 여행하면서 배 난간에 기대어 바다 경치를 즐기고 있었다. 그런데 갑자기 그 앞을 지나던 승객이 발이 미끄러져 그 젊은 실업가에게 안기면서 둘은 함께 바닷속으로 떨어지고 말았다. 허우적거리고 있으니까 그 배가 다시 돌아와서 구명정을 내려 주어 무사히 구조될 수 있었다.

이런 경우 이 젊은 실업가는 "운이 좋다"라고 해야 할까? 아니면 "운이 나쁘다"고 해야 할까?

"모르는 사람이 하필이면 나한테 넘어져서 바로 그 순간 배가 기울어 물 속에 빠지다니…… 나는 운도 되게 없는 놈이야." 이렇게 생각할 수도 있다.

그러나 젊은 실업가는 그렇게 생각하지 않았다. 자신은 정말 행운아라고 생각했다.

"만일 겨울에 떨어졌다면 꼼짝없이 얼어 죽었을 텐데…… 또 누가 보지 못했다면 배가 돌아오지 않아서 살아 남지 못했을 텐데…… 나는 운이 정말 좋아. 나는 행운아야."

이렇게 생각하는 사람이 행운을 얻는 사람의 생각이다. 이런 사람이 행운을 잡을 수 있는 것이다.

이 젊은 실업가는 실제 인물인데 마쓰시다 전기의 창업자 마쓰시다 고노스께가 실제로 체험한 에피소드이다. 그는 자신이 행운의 사람이기 때문에 언제나 좋은 일이 일어날 것이라는 긍정적인 믿음으로 세상을 살았다고 한다.

행운을 믿는 사람은 그만큼 플러스의 인생을 보낼 것이고 불운을 믿는 사람은 그만큼 마이너스의 인생을 보내게 될 것이다. 같은 사건이 일어나도 좋은 면만 보는 사람과 나쁜 면만을 보는 사람은 커다란 인생의 차이를 보이게 될 것이다.

불운을 믿고 나쁜 면만 보는 사람은 심한 열등감에 시달리게 되고 심한 스트레스를 받으며 살아간다. 그래서 남에게 단지 실수한 일을 지적 받으면, 자신의 인격까지도 부정당한 기분에 휩싸여 사회 생활을 하기 어려운 지경까지 이른다. 그리고 늘 불안한 생활을 할 수밖에 없게 된다.

그러나 정신의학적 입장에서 보면 열등감을 갖고 있지 않은 인간은 이 세상에 한 사람도 없다고 한다. 그래서 그것을 극복하려고 긍정적인 마음으로 플러스 방향으로 생각함으로써 훌륭한 일을 해낼 수 있다. 누구나 있는 열등감을 어떻게 생각하느냐에 따라 플러스 인생이 될 수도 있고 마이너스 인생이 될 수도 있다.

인간은 생각하는 동물이기 때문에 생각은 우리가 원하든 원하지 않든 계속된다. 이 생각을 긍정적인 방향으로 자꾸 돌려야 한다. 그래야지 하루하루가 편안해진다. 아무리 불행한 일이 엄습해 와도 긍정적인 생각으로 잘될 것이라는 마음을 가지면 훨씬 잘 풀리게 된다.

긍정적인 생각이 행복의 첫걸음이다. 긍정적 생각의 가장 적극적 표현은 웃음이다. 그래서 불행한 일도 웃으면 술술 풀려 간다.

어느 병원에 아줌마 환자가 갈비뼈가 부러져 입원했는데 매일 매일 혼자 웃는 것이 이상해서 의사가 물었다고 한다.

"아주머니는 왜 매일 그렇게 웃으세요?" 아주머니는 부끄러운 듯이 말을 하지 않다가 용기내서 이야기했다.

"이 갈비뼈 부러진 거는요…… 남편이 출장 갔다와서 너무 세게 안아 줘서 그래요."

농담인지 진담인지 출처는 알 수 없으나 이 아주머니는 불행한 사건이지만 하나도 불행하다고 느끼지 않은 것이다.

우리 삶에 웃음이 떠나지 않으면 그 인생은 성공한 인생이라고 할 수 있다. 긍정적인 생각이 그를 지배하고 있기 때문에…….

그래서 웃기 때문에 행복하다고 심리학자는 이미 설파했다.

오늘도 행복한 웃음으로 즐거운 인생을 삽시다.

하하하하하하하하

화를 없애는 웃음

정신 질환자인가 건강한 사람인가를 구분하는 중요한 척도 중 하나는 생각과 현실을 동일시하느냐 그렇지 않느냐 하는 것이다.

가령 고속도로 운전 중 위험하게 끼여드는 차를 보고 "저 차는 나에게 일부러 위험하게 끼여든 거야! 너무 화가 나는데, 총이 있으면 저 녀석을 확 쏘아 버리는 건데……." 이렇게 생각했다가도 곧 어리석은 생각으로 치부하고 대수롭지 않게 여기는 것이 보통이다. 그러나 끝까지 쫓아가서 복수를 한다면 틀림없이 정신적인 문제가 있는 사람이다.

생각은 현실이 아니라 주어진 상황을 해석하는 시도이다. 그래서 그 해석하는 시도에 따라 부정적인 생각으로 흐를 수도 있고 긍정적인 생각으로 흐를 수도 있다.

미국 심리학자 햄스터더에 따르면 우리가 약 5만 가지 생각을 하는데 그중에 75%가 부정적으로 흐른다고 한다. 이 부정적 생각이 우리의 행복을 가로막고 있다. 왜냐하면 부정적인 생각은 부정적인 감정을 부르고 부정적인 감정은 행복을 멀리 쫓아 버리기 때문이다.

운전할 때마다 교통체증이 심한 경우 많은 이들이 짜증을 낸다. 식당을 갈 때마다 서비스가 엉망이라며 짜증을 잘 내는 사람이 있다. 공연 관람이나 경기 관람을 위해 줄서서 기다리는 사람이 많으면 짜증을 내는 사람도 많다.

그런데 중요한 사실은 짜증을 내거나 그렇지 않거나 현실은 아무것도 바뀌지 않는다는 사실이다. 이럴 때는 그 부정적인 생각에서 잠시 뒤로 물러 나서 그 생각을 떨쳐 버리는 것이 중요하다.

웃는 동안에는 우리 머릿속에 아무 생각이 자리 잡지 않는다. 그래서 웃게 되면 부정적인 생각에서 일단은 떠나게 된다. 그리고 웃고 난 후 부정적인 생각은 멀어지고 작아진다. 또 부정적인 생각에서 다른 긍정적인 생각으로 전환할 수 있다.

언젠가 중요한 일로 차를 운전하며 가는데 하필 그 날 마라톤 시합이 있어 길을 통제하고 있었다. 교통 경찰에게 물어 보니 두 시간은 더 통제해야 한다고 한다. 급한 마음에 돌아가려고 마라톤 출발점 뒤까지 달려가는데 다른 차선에서 좌회전을 기다리고 있던 차가 갑자기 필자가 진행하는 차선으로 끼여들며 차를 받아 휀다와 보닛이 파손되었다.

이런 어처구니없는 사고가 일어난 후 필자는 그냥 크게 웃었다. 가해자 젊은이는 내가 웃고 있으니 몹시 당황한 기색이었다. 차 창문도 못 내리고 어쩔 줄 몰라 하고 있었다. 계속 웃으면서 친절하게 안내를 해서 대물 사고 접수번호를 받고 보냈는데 가면서 너무 너무 고마운 인사를 하며 갔다.

필자가 화를 내건 안 내건 이 사건은 이미 일어났고 달라지는 것은 아무엇도 없다. 그러나 웃으면서 부정적이고 화난 마음은 깨끗이 사라지고 그것이 가해자에게도 전염되었다. 생각은 현실이 아니고 얼마든지 좋게 해석하여 긍정적인 생각으로 바꿀 수가 있다.

내가 화낸다고 교통체증이 호전되는 것은 아니다. 짜증낸다고 기다리는 줄이 짧아지거나 식당 종업원의 서비스가 바뀌는 것은 아니다. 그러나 그 현실에 대한 나의 생각을 바꾸면 모든 상황은 긍정적으로 달라진다.

부정적인 생각에서 바로 빠져나와야 한다. 이를 위해서 가장 빠르고 확실한 방법이 웃음이다. 웃으면 생각이 바뀌고, 말이 바뀌고, 감정이 바뀌고, 표정이 바뀐다. 그래서 행복한 삶으로 바뀌게 된다. 거울을 보고 웃는 연습을 매일하면 인생이 행복하게 바뀐다.

우하하하하하!

하하하하하하하하하하하하하하하하하하…….

행복의 조건

대학 1, 2학년 때 연극에 푹 빠졌던 적이 있었다. 무대에서 열연하는 배우들을 보고 저 배우들은 매우 행복한 사람들일 거라고 생각했다. 1년간 열심히 노력해서 2학년 때 드디어 드라마센터 무대에 서게 되었다. 연습하는 동안 열정을 다해 연습했고 무척이나 행복했다.

3회 공연을 마치고 무대 인사할 때까지는 소원을 이루었다는 마음에 행복했다. 그리고 그 행복이 오래갈 줄 알았다. 그러나 스포트라이트가 꺼지고 텅빈 객석을 바라보았을 때 무엇을 이루었다는 행복감보다는 허무감이 더 크게 밀려오기 시작했다.

가난한 젊은이가 있었다. 그는 전철로 한강을 건널 때마다 "한강이 내려다보이는 강변에 아파트를 마련해서 살면 참으로 행복할 것이다"라고 늘 생각했다. 그는 열심히 돈을 벌어서 15년 만에 한강이 내려다보이는 아파트를 마련할 수 있었다. 그리고 행복했다. 그러나 그 행복은 몇 달 가지를 못했고 새로운 우울증을 겪게 되었다.

우리가 목표로 했던 것을 달성하거나 부의 축적 등이 결코 행복의 조건이 될 수 없다는 것은 이젠 누구나 알고 있다. 그러면서도 많은 이들이 성공과 부만을 좇아 자신을 올인한다. 물론 성공과 부가 행복과 반대되는 개념은 아니다. 성공한 사람, 부자가 행복하다면 더 할 나위 없이 좋겠지만 그것이 행복과는 별로 관계가 없다는 것이다.

프로이드는 "쾌락원칙", 즉 인간은 기본적으로 즐거움을 추구하는 본능적 욕구에 따라 움직이므로 즐거움이 행복의 조건이 된다고 했다.

이에 반해 빅터 프랭클은 인간은 쾌감을 추구하는 의지가 아니라 의미를 추구하는 의지에 따라 움직인다고 했다. 그래서 행복의 조건은 삶의 의미를 찾는 일이라고 하였다.

이에 대해 1995년 긍정 심리학을 창시한 마틴 셀리그만은 행복한 삶을 이 두 가지를 모두 합한 즐거움과 의미를 동시에 만족시킬 수 있는 삶이라고 결론지었다. 또한 하버드대의 행복학 교수인 "탈 벤-샤하르"는 감사하는 마음이 진정한 의미와 즐거움의 원천이 될 수 있다고 하였다.

미국의 재벌들, 워렌 버핏이나 빌 게이츠 등 많은 이들이 거금의 기부를 생활화하고 있음을 안다. 그들의 사회 기부는 이익의 사회 환원 이전에 자신들의 행복을 위한 의미 있는 삶을 살고 있는 것이 아닐까? 아무리 많은 재산보다 더 가치 있는 일은 행복이기 때문이다.

우리는 살다가 종종 이런 질문을 자신에게 던져 보는 때는 없는가?

"나는 행복한가?", "다른 이들은 행복한가?" 많이 물어 보는 질문이다. 그런데 이런 질문은 잘못된 질문이라는 것을 깨달았다. 왜냐하면 이런 질문은 궁극적 가치에 대해 이분법적 혹은 흑백 논리의 사고를 갖게 하는 닫힌 질문이기 때문이다. 행복하지 못하면 불행하다는 이야기이다.

이런 식의 접근은 행복은 어떤 과정이 끝나는 곳에 존재해야 한다.

하지만 그런 곳은 존재하지 않으며 그런 곳이 존재한다는 믿음에 매달린다면 결국은 불만과 좌절만 맛보게 될 것이다.

그래서 행복한지 아닌지 묻기보다는 "어떻게 하면 좀더 행복해질 수 있는가?"라고 묻는 것이 현명할 것이다. 이 질문은 행복 추구가 어떤 지점에서 끝나는 것이 아니라 지속적인 과정이기 때문이다.

그래서 작년보다 금년이, 금년보다는 내년이 더 행복해야 되는 것이다. 점점 더 행복해지고 점점 더 행복해질 수 있다는 긍정적 마음으로 궁극적 가치를 달성하는 방법에 초점을 맞추는 것이 필요하다.

점점 더 행복해지는 것은 우리가 평생 추구해야 하는 과정이다. 바로 웃음도 점점 더 행복해지기 위해 우리가 평생 추구해야 한다. 웃으면 복이 온다고 했는데 가장 먼저 오는 것이 행복이다.

웃음으로 행복 엔도르핀을 솟아나게 하자!

지금 이 순간의 행복

엘리자베스 퀴블러 로스 여사는 미국의 호스피스를 창시한 사람이다. 그녀는 임종을 앞둔 사람들을 돌보고 또 많은 이들을 면담하면서 죽음의 선고를 받은 이들이 겪는 감정의 단계를 알아낸 사람이다.

임종을 앞둔 사람들은 대개 5가지의 단계별 감정을 겪는다고 한다.

첫째는 부정의 단계로 "내가 아닐 거야", "오진했음에 틀림없어" 등의 부정하는 마음이 먼저 찾아온다고 한다.

두 번째 단계로는 분노하는 마음이 생긴다고 한다. "왜 많은 사람들 중에 내가……", "나같이 착하고 선하게 살아온 내가 하필……."

세 번째는 타협의 단계로 "내가 착한 일을 한다면……", "~을 할 테니 제발……."

네 번째는 우울의 단계로 정신적 방황과 절망에 빠지게 된다.

마지막으로 수용의 단계를 거치는데 현실로 받아들이고 정리할 것을 정리하는 단계라고 한다.

이들은 차례대로 진행되기도 하지만 몇 단계가 생략되거나 또는 몇 단계는 반복적으로 일어나기도 한다. 그런데 이 수용의 단계(다섯 번째 단계)에 들어간 이들의 생각 중 가장 많이 아쉬워하는 것이 못다한 행복에 대한 미련이라는 것이다.

그래서 로스 여사는 임종 직전에 후회할 일을 지금 바로 하라고 한다. 그것은 행복을 추구하는 삶을 지금 살라는 것이다. 그런데 지금 행복하게 살려고 해도 행복이 무엇인지 잘 모르고 세월을 허비할 때가 대부분이다.

긍정의 심리학을 개척한 펜실베이니아대학 마틴 셀리그만 교수는 이 행복한 삶을 세 가지의 삶의 조화로 정의했다.

즉 첫째, 즐겁고 재미있는 삶. 둘째, 만족하는 삶. 셋째, 의미 있는 삶으로써 이들의 조화라고 했다.

추상적인 행복한 삶이 좀 더 구체적으로 우리 마음에 와서 닿는 느낌이다. 우선 행복해지려면 재미있고 즐거워야 한다. 그런데 재미있고 즐거운 일을 기다려서는 평생 그럴 일이 얼마 없을 것이다.

그래서 스스로 만들고 스스로 창조해야 한다. 웃음을 삶에 도입하면 재미있고 즐거운 일이 생긴다. 행복해서 웃는 것이 아니라 웃으면 행복하다고 윌리암 제임스는 말했다.

우리가 만족한 삶을 살기 위해서는 늘 긍정의 마음을 가지고 살아야 한다. 부정의 마음을 긍정의 마음으로 변하게 하는 열쇠는 웃음이 가장 빠르다고 한다.

의미 있는 삶을 살기 위해 사람들은 종교에 심취하기도 하고, 수양을 하기도 하며, 봉사와 헌신을 하기도 하며, 자기가 설정한 일에 열심히 몰두하기도 한다.

　빅터 프랭클은 아우슈비치 수용소 가스실 앞에서도 이 삶의 의미를 찾은 사람들은 짧은 시간이지만 행복을 느낀다고 했다. 삶의 의미를 위한 삶도 평온한 마음과 영적 사명을 위해 긍정적 마음에서 출발해야 한다.

　행복의 저택으로 들어가는 문은 긍정적 마음이고 이 긍정의 문을 여는 KEY는 웃음이다.

　우리는 누구나 행복하기를 원한다. 임종 직전 가장 아쉬워하는 것이 행복이다. 우리는 지금 이 순간의 행복이 제일 중요하다. 과거와 미래는 생각 속에만 있는 허상이고 실상은 지금 이 순간밖에 없다.

　지금 이 순간의 행복을 위해 지금 이 순간 바로 웃어야 한다. 이 웃음은 우리를 행복의 나라로 인도할 것이다.

　과거 속에 우리를 괴롭히는 시기, 질투, 분노, 화, 수치심, 죄책감 등은 모두 버려야 한다. 이것들은 다시 우리 앞에 나타나지 않는다. 지나간 일일뿐이다.

　또 미래의 근심, 걱정, 불안, 두려움 등은 지금 이 순간을 사는 사람에게 절대 나타나지 않는 것이다. 실제 존재하지 않는 생각 속에서 우리를 괴롭히는 것이다.

　지금 이 순간 웃으면 행복해진다.

표정으로 만드는 행복

　약이나 심리 치료에 별다른 반응을 보이지 않는 우울증 환자 10명을 상대로 표정을 바꾸는 실험을 했다. 보톡스라고 하는 근육을 마비시키는 보툴리늄 톡신A 주사를 찡그린 주름 부위 즉 콧등, 미간, 미간 윗부분 등에 맞았다.

　참가자들은 36세에서 63세에 이르는 여성들이었으며 모두 2년에서 17년간 우울증을 앓는 환자들이었고 어떤 치료에도 효과가 없던 사람들이었다. 이 보톡스 주사를 맞고 두 달이 지났을 때 10명의 참가자들 중 아홉 명은 더 이상 우울 증세를 보이지 않았고 나머지 한 명도 상당히 호전됐다.

　사람들은 나이가 들면서 자신의 성격에 맞는 표정, 주름들이 생긴다. 평생 동안 화가 났던 사람들은 화난 표정과 주름이 얼굴에 새겨지고 평생 슬픔으로 가득 찼던 사람들은 슬픈 표정과 주름이 얼굴에 새겨진다. 이 슬픔과 화난 표정, 주름을 제거해 버리면 더 행복해진다는 결과를 나타낸 실험이다. 찌푸린 주름을 제거하면 다른 사람들이 더 행복하고 매력적인 사람으로 인식하게 되고 본인들도 실제로 더 행복하다고 느끼기 때문이다.

어떤 이는 약 먹는 시간을 알려 주기 위해 특수 제작된 진동 시계에 맞춰 오전 10시, 12시, 오후 2시, 4시, 6시에 시계가 진동할 때마다 미소를 지었더니 전보다 행복함을 많이 느끼며 산다고 했다. 표정이 실제 행복에 영향을 미치고 있는 것이다.

뫼비우스 증후군이라는 것이 있다. 이는 선천적 장애로 얼굴의 표정 근육을 움직이는 능력을 상실한 장애이다. 그들은 감정을 전혀 나타낼 수 없으며 무심하고 굳어진 표정만 지니고 산다. 그들은 실제로 행복하다거나 슬프다거나 하는 감정을 전혀 느끼지 못하고 그냥 "슬프다", "행복하다" 그렇게 생각만 한다고 한다. 감정을 신체적으로 표현하는 능력에 장애가 있다면 그 감정을 느낄 수 있는 능력도 심각하게 영향을 받는다.

우리의 얼굴과 몸, 그리고 음성이 뇌에 신호를 보내서 우리가 특별한 감정을 느끼고 있다고 알려 주면 뇌는 그것을 실제로 느끼도록 이끌어 준다. 즉 우리가 행복감을 얼굴, 몸, 음성을 통해 신체적으로 표현하면 이것을 실제로 뇌를 통해 느끼게 된다는 것이다. 미간의 주름을 펴고 미소의 주름을 만들고(입꼬리를 올리고, 치아를 내 보이고), 손을 펴고 긍정적 감정을 표현하면 그대로 행복감을 체험하게 된다. 이를 안면 피드백 효과라고 한다.

행복하기 위해서는 행복한 사람처럼 행동하면 정말로 더 행복해진다. 행복한 모습을 얼굴로 표현하고, 몸으로 표현하고, 음성으로 표현하면 훨씬 더 행복해진다.

    스트레스를 느끼는 사건이 닥쳤을 때 미소와 웃음을 짓고 "행복해", "사랑해", "감사해"를 지속적으로 외쳐 보면 실제로 부정적인 감정이 해소되고 기분이 전환되어 즐겁고, 기쁘고, 평화로운 마음을 일으킬 수 있도록 도와 줄 것이다.

    배우자를 잃었던 여러 사람을 인터뷰한 어느 기자는 인터뷰 동안 웃었던 사람들이 사별에 더 잘 대응하고, 삶에서 더 많은 기쁨을 느끼고, 분노를 덜 느끼며, 다른 사람들과도 긍정적인 관계를 맺는다고 보고했다. 그는 웃음이 그들을 고민으로부터 분리시키는 데 큰 도움이 된 것 같다고 평가했다.

    웃음은 스트레스를 줄여 주고 삶을 여유롭게 바꾸어 준다. 생리적으로 심리적으로 탁월한 효과가 있다. 이제는 마음껏 자신의 행복을 표현하라. 실제로 행복하지 않더라도 행복한 사람처럼 표정과 음성으로 나타내 보라.

    입꼬리를 올리고 치아를 환히 드러내고…….

    웃는 만큼 행복을 초대하는 것이다. 우하하하하하하하…….

오늘은 내 인생 최고의 날

친구가 잘 나가던 직장에서 임원으로 이제 은퇴를 했다. 시간이 많아 이젠 친구도 많이 만나고 산에도 자주 간다고 한다. 역시 건강관리를 위해서는 골프보다 산이 더 자기에게 맞는다고 한다. 그런데 자신이 계산을 해봤더니 지금부터 90세까지(앞으로 평균 수명) 약 30년 남았는데 안 벌고 살려면 12억 원의 현금이 있어야 한다고 했다. 부동산은 빼고 말이다. 그래야 약간의 품위를 유지하며 살 수 있다는 것이다.

혼자 생각해 보았다. 설마…….

대한민국에 이런 사람이 과연 몇%나 될라구?

그 친구는 자신 만의 치밀한 계산법이라며 퇴직 후의 계획을 미리 다 세워 놓았다고 했다. 그래서 5년간 더 벌어야 한다고 한다. 장래 일을 준비하고 세밀하게 계획을 세우는 그의 모습을 보며 나는 도대체 뭐하는 사람인가? 하는 약간의 자책감이 밀려오기도 한다.

대부분의 사람들은 미래를 위해 현재를 희생하도록 길들여져 있는 것

같다. 그래서 현재를 보지 못하고 미래의 계획과 목표를 향해 달려간다.

그런데 영적 선각자들은 삶에 대해 해결책으로 카르페 디엠carpe diem! 지금 이 순간을 살아라! 오늘의 행복을 내일로 미루지 말라! 순간을 즐겨라! 등의 말을 되풀이 하고 있다. 우리들의 행복을 위해 가장 고전적이고 탁월한 방법 중 하나일 것이다.

그런데 문제는 이렇게 현재, 지금 여기에 사는 사람은 많지 않은 것같다. 왜냐하면 대다수가 미래를 향해 현재를 보지 않고 달려가는데 길들여져 있기 때문이다. 우리가 인생을 살면서 지워 버려야 할 감정이 두 가지 있다고 한다.

첫째는 과거 일에 대해 후회하는 것이고,

둘째는 미래 일에 대해 걱정하며 두려워하는 것이다.

과거에 대한 죄책감 때문에 앞으로 나가지 못하던 오프라 윈프리는 "그래서 내 과거가 어쨌다는 거야!"를 당당히 외치며 현재를 충실하게 살기 시작하였고 앞으로 나아갈 수 있었다.

과거는 과거일 뿐이고 과거 속의 아름다운 추억과 감성만 마음속에 남겨 놓고 필요할 때 써먹으면 되지 않겠는가? 어떤 이는 과거의 명예 때문에 현재를 살지 못하는 이도 있다.

교장 선생님으로 오래 근무하신 어떤 분은 자신의 모습을 제자들이 알아볼까봐 백화점이나 시내 외출을 꺼리고 집에서만 은둔 생활을 하는 분도 있다. 물론 이는 정신과적 치료를 받아야 할 정도지만……

과거 인기인 중에도 숨어 사는 이들이 꽤 있다고 한다. 또한 미래에 닥쳐올 일에 대해 미리 불안해 하고 두려움을 느끼며 사는 사람들도 의외로 많다. 그러나 과거도 미래도 현존하는 것이 아니다.

우리의 삶은 오로지 현재에만 존재한다는 것이 진실이다. 그래서 현재의 삶에 전심전력을 기울이면 과거의 죄책감이나 미래의 근심 걱정도 멀리 떠나갈 것이다. 존재하는 것은 오직 현재뿐이며 지금 이 순간만이 삶의 실체이다.

오늘 하루를 사는 것은 그래서 중요하다. 지금 이 순간을 음미하고 깨닫고 적용하는 것은 행복한 삶을 위해 필수적인 요소이다. 아침에 일어나자마자 기지개를 켜고 입을 하마처럼 벌려 하품을 한 후 하루를 여는 웃음을 웃어 보자.

"오늘은 내 인생 최고의 날이다! 우하하하하하하······."

내 평생을 통해 가장 좋은 날이라고 외치고 마음먹으면 그대로 되는 것이다. 매일 아침 이렇게 외치고 웃으며 뒤집어지면 매일매일이 최고 좋은 날이 되는 것이다.

필자는 3년째 아침마다 외치고 있으며 뒤집어지는데 이런 사소한 습관이 나의 인생에 지금까지 맛보지 못하던 행복의 길로 안내함을 알 수 있게 되었다. 매일 되풀이 되는 습관, 지금 이 순간을 사는 습관은 우리의 인생 행로를 결정짓는 습관이다.

"오늘은 내 인생 최고의 날이다! 우하하하하하하······."

매일 아침 일어나는 시간은 웃으면서 뒤집어지는 시간이다. 이것이 지금 이 순간을 사는 지혜이고 오늘의 행복을 맞이하는 밝은 첫 햇살이다.

13

결심한 만큼의 행복

소냐 류보머스키는 아홉 살 때 구소련에서 미국으로 이민 온 후 문화적 충격을 극복하고 하버드대학을 최우수 성적으로 졸업했으며 스탠퍼드대학에서 사회심리학 박사학위를 받고 현재 리버사이드 캘리포니아 주립대학 심리학 교수로 있다.

그녀는 18년째 행복이라는 주제로 연방정부 기금을 받아 행복 증진 연구를 하고 있으며, 2002년 템플턴 긍정심리학 상을 수상하는 등 긍정심리학 분야에서 주목받는 학자이다. 그녀는 행복해지기로 결심한 후 반복적인 연습을 통해 불행을 극복하고 아주 놀랍도록 행복하게 된 주디스라는 여인을 소개하고 있다.

주디스는 성장 시절 무척 불행했다. 그녀는 문제 가정에서 태어나 심한 학대를 받으며 자랐다. 그녀의 엄마는 거의 매일 손에 잡히는 것이면 주걱이든 빗자루든 가리지 않고 집어 들고 그녀를 때렸다. 어떤 날은 주걱이 부러질 때까지 맞았다. 그녀는 불안과 분노와 복수의 마음을 품고 살았다. 성인이 되면서 주디스는 폭식과 알코올 중독, 우울증으로 삶에 의욕을 잃고 절망 가운데 지냈다. 심각한 체중으로 몸을 움직이기 불편했고, 하루도 알코올 없이는 지내지 못했으며 우울증에 빠져 마음이 불안정하고, 자살시도도 몇 번했지만 그때마다 실패했다.

이러한 주디스가 어느 날 행복해지기로 결심했고 그 후 놀라울 정도로 행복한 사람으로 변했다. 그녀는 보람 있는 직업을 가지고 있으며 여러 가지 봉사활동에도 앞장서고, 14살짜리 양자를 두어 돌보며 52세 나이에 대학에 입학했다. 그녀는 파워 있고 영적이며 포용력 있는 사람으로 완전히 거듭나게 되었다. 그리고 자기를 그렇게 때렸던 자신의 엄마를 '불쌍한 인간'이라며 연민의 정을 느끼고 동정한다. 주디스는 이렇게 말했다.

"나는 행복해지기로 결심했습니다. 내 마음을 바꾸기로 결심하고 그 방법을 터득했어요. 정말 기막힌 발상이었지요. 시작은 거울을 바라보면서 거울 속의 나에게 말을 거는 겁니다. '이봐요! 거기 멋진 분! 당신은 왜 그렇게 멋진 거예요?' 처음에는 웃음이 계속 나왔으나 계속해서 연습을 거듭해 웃음이 나오지 않을 때까지 연습했습니다. 자신이 스스로 추하고 가치 없게 느껴질 때 자신에게 그렇게 말하기란 정말 쉽지 않았지요. 이런 연습이 하찮아 보일 때도 있었지만 쉬지 않고 열심히 반복했습니다. 나는 또 부정적인 생각이 떠오를 때마다 '그만!'이라고 말함으로써 생각을 멈추려고 아주 열심히 노력했습니다. 그리고는 마음속으로 '넌 이제 괜찮아'라고 스스로에게 다짐하곤 했지요."

주디스는 현재도 어려움을 겪을 때가 있다. 아주 가까운 친구가 자살했고 다시 직장을 얻는데 실패도 했다. 그러나 자기 자신과 주변 세상에 대해 생각하는 방식을 바꾸고 자존감을 쌓아 올리고 낙관적으로 생각하는 것을 평생의 목표로 삼고 이를 위해 노력함으로써 즉, 행복해지기로 결심함으로써 불행을 극복할 수 있었다.

소냐 류보머스키는 이상의 예에서 보듯 행복의 원천은 당신이 어떻게 행동하며, 무엇을 생각하고, 매일 어떤 목표를 세우는가에서 찾을 수 있다고 한다. 그리고 지금 당장 스스로 행복해지기로 결심을 해야 한다고 한다.

미국 대통령 링컨도 사람은 자기가 행복하기로 결심한 만큼 행복해질 수 있다고 했다.

지금 당장 거울 앞에 서서 거울 속 그대에게 웃음을 선사하자. 거울 속 그대는 당신이 웃기 전에는 먼저 웃지 않는다. 웃고 나서 이렇게 말해 보자.

"이봐요, 거기 웃는 분! 당신은 멋쟁이!"

그리고 행복해지기로 결심하자.

우하하하하하……

14

가진 것을 누려라

한 농부가 있었다. 그는 이미 많은 땅을 가지고 있었지만 만족하지 못하고 더 많은 땅을 소유하고 싶은 욕망이 있었다.

어느 날, 정부가 경작하지 않은 지역의 땅을 무작위로 나누어 준다는 소식을 듣고 농부는 더 많은 땅을 얻기 위해 길을 떠났다.

목적지에 도착한 농부는 이상한 땅 분배 규칙을 들었다. 이 규칙은 동트기부터 해가 질 때까지 걷거나 뛰거나 해서 말뚝을 박는 곳은 모두 자신의 땅이 된다는 것이다. 하지만 해지기 전까지 출발한 곳으로 되돌아오지 못하면 땅을 얻지 못하고, 다음에도 그런 기회는 주어지지 않는다는 이상한 규칙이었다.

농부는 회심의 미소를 머금고 충분히 휴식한 다음날 이른 새벽 동트기를 기다렸다가 자신이 소유할 땅을 그리며 힘차게 출발했다.

서쪽으로 지치지 않도록 적당히 속도를 조절하며 한참 걸었다. 이젠 북쪽으로 방향을 돌려야겠다고 생각했으나 비옥한 땅이 아까워 욕심을 내서 한참 더 걷다가 말뚝을 박고 북쪽으로 방향을 돌렸다.

한참을 걷다가 다시 동쪽으로 걸음을 돌려야겠다고 생각했지만 비옥한 땅은 그의 욕심을 그냥 놔두지 않았다. 그래서 생각보다 더 많은 시간을 북쪽으로 걸었다. 말뚝을 박고 동으로 방향을 돌려 발걸음을 재촉했다. 뜨거운 태양 아래 그의 몸은 온통 땀범벅이 되었고, 지칠 대로 지치고, 몸은 천근 만근같이 느껴졌다. 그는 남쪽으로 방향을 돌려야 한다고 생각했지만 역시 비옥한 땅은 그의 욕심을 자극해 좀 더 멀리 가서 말뚝을 박았다.

남쪽으로 방향을 틀었을 때는 이미 해는 서서히 기울고 있었다. 그는 입이 마르고, 폐가 쑤시고, 이제 더 이상 나갈 힘이 없었다. 그러나 "오늘만 지나면 내일부터는 얼마든지 쉴 수 있어. 그러니까 이 많은 땅은 오늘 확보해 둬야 돼" 하며 계속 앞으로 나아가도록 그 안의 욕심이 부추기고 있었다.

해는 서서히 지고 출발 지점은 아직도 까마득히 보이지 않았다. 초조해진 농부는 천근 만근의 몸을 질질 끌며 이를 악물고 뛰기 시작했다. 드디어 출발 지점에 사람들이 모여 있는 것이 보였다. 하늘은 이미 노을이 붉게 물들고 이제 몇 분밖에 남지 않았다. 마지막 햇살이 지평선 너머로 사라지는 그 순간 농부는 마침내 출발선을 넘었다. 그리고 쓰러졌다.

아! 드디어 이 넓은 비옥한 땅은 농부의 것이 된 것이다. 하지만 그 농부의 승리는 덧없는 것이 되고 말았다. 도착한 후 쓰러진 농부는 안타깝게도 숨을 거두고 말았기 때문이다.

현대에 사는 우리 삶도 이와 비슷하지 않을까? 많은 사람들이 더 많은 돈을 벌어 더 많은 땅, 더 넓은 집, 더 좋은 차를 갖기 위해 달려가는 현실이다. 이미 가지고 있는 것을 누려 보지도 못하고 삶의 휴식을 모른 채 무덤 속으로 뛰어가는 우리는 아닐까?

많은 이들이 돈을 벌기 위해 자신의 건강을 해치고, 다시 잃은 건강을 찾기 위해 번 돈보다 더 많이 쓰고 있지는 않은가?

우리는 지금 이 순간 자신을 돌아볼 필요가 있다.

"나는 멈추지 못하고 달리고만 있지 않은가?"

"이미 내가 가진 것을 즐기고 있는가?"

"건강, 인간관계, 삶의 소박한 기쁨, 내 주위의 아름다운 환경 이런 것들을 즐기고 있는가?" 그리고 "매일 삶 속에 웃음이 살아 있는가?"

세상에 미쳐서 모두들 죽음을 향해 뒤돌아보지 않고 달려만 간다. 그러나 지금 이 순간 웃음으로 브레이크를 밟아야 한다. 그래서 삶을 다시 한 번 반추하며 이미 가진 것에 감사하고 누려야 한다.

삶의 종착역에서 후회하는 일은 어리석은 일이다. 행복은 더 가지는 것이 아니라 지금 가진 것을 누리는 것이다. 그리고 웃는다는 것은 지금의 나를 누리는 행동이다. 웃음은 우리 마음속에 무한히 쌓여 있다. 평생 사용해도 모자람이 없을 정도로…….

행복의 비결

　인간의 가장 기본적인 욕구 가운데 가장 중요한 것이 행복이 아닐까 한다. 누구나 행복을 찾기 위해 많은 노력을 하고 산다. 그리고 너무 많은 사람들이 행복을 찾지 못하고 삶을 다한다. 스탕달은 "사람은 누구나 아침에 집을 나설 때마다 행복을 찾아 나선다"고 말했다. 그러나 정작 행복을 찾는 사람은 많지 않다. 과연 행복은 무엇일까? 또 어떻게 해야 찾는 것일까? 많은 사람들이 추구하는 돈이나 명예, 권력, 인기 등이 결코 우리를 행복으로 안내하지 못한다는 것을 너무나 잘 알고 있다. 이런 것들을 필요 이상 소유함으로 오히려 불행해지는 역사를 주변에서 너무 많이 보고 있다(재벌의 자살, 인기 연예인의 자살, 역대 대통령 모습 등).

　행복은 외부적 조건이나 환경에 있는 것이 아니라 나의 내면 세계에 있다. 헤겔은 "행복의 문을 여는 손잡이는 마음의 안쪽에 달려 있다"고 했다. 자신 만이 행복의 문을 열 수 있고 행복은 자신이 선택해야 한다. 또 "행복은 갖지 못한 것을 바라는 것이 아니라 가진 것을 즐기는 것이다"라고 한다. 행복은 객관적인 것이 아니라 매우 주관적인 것이다. 물질 풍요의 선진국인 독일, 미국, 일본 등의 나라가 행복지수가 낮고 자살률이 높고 우울증 환자들이 많다. 물질의 빈국인 방글라데시, 나이지리아 등의 행복지수가 가장 높다고 하는 것은 매우 시사하는 바가 크다. 행복을 정의하기는 힘들지만 어떤 이는 행복을 즐겁고 평안한 마음의 상태라고 한다. 그러나 현대와 같은 심한 생존 경쟁의 사회, 복잡하고 각박하고 여유 없는 사회 속에서 매일 평안한 마음으로 즐겁고 신나게 살기가 어디 쉽겠는가? 걱정 근심 없는 인생은 없기 때문이다. 알랭은 "걱정 없는 인생을 바라지 말고 걱정하지 않는 사람이 되라"고 했다.

행복의 저택으로 들어가는 문의 열쇠는 웃음이다. 걱정하지 않는 사람이 되기 위해서는 웃음이 그 해답이다. 추상적 행복을 구체화시키는 Key는 바로 웃음이다. 미국의 심리학자 윌리암 제임스는 "사람은 행복하기 때문에 웃는 것이 아니라 웃기 때문에 행복하다"고 하였다.

"1분 웃으면 인상이 바뀌고 매일 웃으면 인생이 바뀐다"고 한다. 우리 속담에도 "웃으면 복이 온다"고 했다. 우리는 매일 행복을 선택하며 살 수 있다. 그것은 바로 웃음을 선택하는 일이다. 우리 뇌는 억지 웃음과 진짜 웃음을 분간 못한다 한다. 효과는 똑같다. 억지로라도 웃다 보면 즐거운 마음을 얻을 수 있으며 크게 생각했던 근심, 걱정, 불안이 아주 작아지고 평안해지며 절망 속에서도 희망을 발견할 수 있다.

러스킨은 "인생은 흘러가는 것이 아니라 채워 가는 것"이라 했다. 한 번뿐인 인생, 불안, 걱정, 짜증을 모두 털어내고 행복으로 채워 가야 한다. 행복의 비결은 웃음이다. 웃음으로 행복을 채워 가는 우리 인생이 되어야 하지 않을까?

미소호흡 명상

한국얼굴연구소 소장인 조용진 박사는 한국 남자 성인의 얼굴 특징을 이렇게 이야기했다.

"한국인은 세계 인종 중 미간에서 인중까지 길이가 가장 짧아 치열이 양쪽 밑으로 처진다. 그래서 입꼬리가 밑으로 처지기 때문에 화가 난 사람, 심각한 사람, 불만에 가득 찬 사람처럼 보이기 쉽다."

그래서 한국 사람들은 웃는 모습이 제대로 나오지 않는다. 불만에 찬 인상은 주변 사람들에게도 영향을 미쳐 분위기를 심각하게 하고 부정적 기분을 전파한다.

또한 급속한 경제 성장으로 인해 대가족의 울타리가 해체되고 살벌한 생존경쟁으로 인해 우리의 인상과 기분은 점점 더 심각해지고 우울해져만 간다. 그래서 특별히 한국인에게는 웃음이 절실히 요청되는 시대이다. 그런데 대부분 사람들이 재밌는 일도 없고 누가 웃겨 주는 사람도 없고, 웃을 일이 없어 웃지 못한다고 한다. 그래서 개념을 바꾸면 더 잘 웃을 수가 있다.

하루에 3분 이상 10번 정도씩만 꾸준히 웃는다면 우리에게 있는 부정적인 감정은 사라지고 훨씬 더 행복하고 기분 좋은 삶을 살 수 있다. 그래도 부정적인 감정이 엄습해 올 때는 그것에 맞서려 하지 말고 그대로 내버려두라. 하늘에 지나가는 먹구름이라 생각하고 느긋하게 마음먹고 그대로 두면 틀림없이 사라진다.

좀더 빨리 부정적인 감정에서 벗어나기 위해서는 미소호흡 명상을 하라. 이것은 3단계로 미소를 지으며 심호흡을 하는 방법으로 숨을 깊게 들이마시고 다시 숨을 길게 내쉬면서 준비한다.

제1단계는 숨을 들이쉴 때 "그만"을 계속 마음속으로 외친다. 숨을 길게 내쉬면서 편안한 미소를 계속 짓는다. 이를 몇번 반복한다.

제2단계는 숨을 깊이 들이쉬면서 "지나가라"라고 계속 마음속으로 외친다. 다시 숨을 길게 내쉬면서 편안한 미소를 계속 짓는다. 이 단계를 몇 번이고 계속 반복한다.

제3단계는 숨을 들이쉬며 "나는 안전하고 행복하다"를 계속 마음속으로 외친다. 다시 숨을 길게 내쉬면서 편안한 마음으로 미소짓는다.

이렇게 여러 번 미소호흡 명상을 반복하다 보면 3분 이내에 안정과 평안한 마음을 찾을 수 있다. 우리를 괴롭히는 것은 스트레스나, 환경적인 요인이나 상황보다는 이를 받아들이는 나의 감정 상태라는 것을 바르게 인식해야 한다. 부정적 감정 상태에서는 빨리 벗어나는 것이 상책이다.

이 3단계 3분 미소호흡 명상을 몸에 익히면 우리 삶에 밀려오는 부정적인 파도를 타고 넘어 휩쓸리지 않는 큰 지혜를 얻게 된다.

제4부

항상 기뻐하라.
쉬지 말고 기도하라. 범사에 감사하라.
이것이 그리스도 예수 안에서 너희를 향하신 하나님의 뜻이니라.

Tip 4 생활 속의 웃음 실천하기

네 글자로 된 웃음들이 건강에 좋다.
1. 박장대소(拍掌大笑) : 손뼉을 치며 크게 웃음(사전적 해석).
    그냥 웃는 것보다 손뼉을 치며 환호하며 웃으면 에너지가 샘솟아 10배 이상의 효과가 나온다. 나아가 친구나 가족이나 이웃과 손뼉을 마주치며 박장대소할 때는 33배의 효과가 나온다고 한다. 이왕이면 가족끼리, 친구끼리, 동료끼리 서로 손바닥을 마주치며 하이 화이브를 하며 웃어 보자. 한국 사람이 가장 잘 웃는 웃음 방법이다.
2. 요절복통(腰折腹痛) : 하도 우스워 허리가 꺾이고 배가 아플 지경임.
    허리가 끊어질 듯 앞뒤로 흔들며 배에 통증을 느낄 정도로 배를 두 손으로 두드리며 웃어 보자. 말기 암 환자가 완치된 기적의 웃음 체조이다.
3. 포복절도(抱腹絕倒) : 너무 우스워 배를 안고 몸을 가누지 못할 만큼 웃음.
    배를 움켜쥐고, 무릎을 꿇고 기어 다니며, 뒹굴며 웃는다. 이왕이면 옆 사람을 간지럽히며 또는 안마하듯 두드리며 또는 방바닥이나 책상을 마구 두드리며 실내가 떠나갈 듯 웃어 보자.
4. 파안대소(破顔大笑) : 얼굴빛을 부드럽게 하고 얼굴을 환하게 펴고 크게 웃음.
    마음속, 뱃속에 있는 걱정·근심·불안·분노·시기·미움·질투·고통·슬픔·절망 등 모든 부정적인 생각들을 끌어올려 입에 잔뜩 물고 있다가 "파~~~"하고 뱉어 내면서 웃는다.
5. 앙천대소(仰天大笑) : 하늘을 쳐다보고 크게 웃음.
    양손바닥을 하늘을 향해 벌리고 얼굴로 하늘을 향해 고개를 젖힌 뒤 마음속의 모든 부정적인 생각들을 조용히 웃으며 푸른 하늘로 날려 보낸다.
    마치 연이 하늘로 올라가듯…….

웃음 치료의 기원

과연 여러분은 하루에 몇 번이나 웃고 있습니까? 연구에 의하면 아기일 때는 하루에 300~500회 웃는다고 한다. 그러나 어른이 되어서는 하루 7~10회 웃고 50대 이후에는 5회 미만 웃는다고 한다.

'SBS스페셜'에서 2번에 걸쳐 특집 방송을 하여 뜨거운 반향을 일으킨 '웃음에 관한 특별 보고서'라는 프로그램이 있었다.

그 곳에서 소개 된 사례들이나 임상 실험 결과는 무척이나 놀라운 결과를 나타내었다. 암 환자, 아토피 환자, 우울증 환자 등등 참으로 많은 질병으로 고생하던 이들에게 희망의 메시지를 주었다. 참으로 웃음은 인류가 수많은 역사를 통해 공통적으로 발견해 낸 부작용이 전혀 없는 "좋은 약"이다.

웃음 치료의 기원을 살펴보면 약 3500년 전에 기록된 성경 잠언 17장 22절에 "마음의 즐거움은 양약"이라고 소개하고 있으며, 고대 그리스에서 병원은 원형 경기장이나 공연장 근처에 있어서 공연장의 흥겨운 분위기가 환자의 마음에 활력소를 넣어 주고 '웃을 수 있도록 배려하여 몸이 아프면 마음도 함께 치료해야 한다'고 보았음을 알 수 있다. 당시 웃음은 몸과 마음을 함께 치료하는 최고의 치료 수단으로 광대들이 웃음 치료사의 역할을 담당했으며 치료의 일환으로 환자에게 깃털로 간지럽혀 억지로 웃게 하여 치료를 하였던 기록도 있다.

17세기 영국의 의사였던 토마스 시던햄은 "마을에 좋은 광대들이 오는 것은 당나귀 20필에 가득 실은 약보다 더 좋다"라고 언급하기도 했으며, 1621년 영국의 로버트 버튼은 "웃음은 피를 깨끗하게 하고 젊음과 활기를 주어 건강을 증진시킨다"라고 언급하여 웃음이 실제적으로 다양한 치료 효과가 있음을 언급했다.

웃음 치료의 과학적이고 의학적인 접근은 1969년 미국의 노만 커즌스에 의해 시작되었다고 할 수 있다.

〈세터데이 리뷰〉 신문의 편집장으로 있던 그는 '강직성 척추염'으로 수시로 굳어져 가는 뼈, 근육으로 심한 통증을 동반한 고통을 당하고 있었다. 어느 날 그는 코미디를 보다 크게 계속 웃었는데 약 10분 동안의 웃음으로 2시간 정도의 통증이 사라짐을 발견하였다. 그 후 그는 계속 웃음의 강도를 더해 웃음으로 병을 이길 수 있었다. 그 후 캘리포니아 의과대학에서 웃음에 대한 의학적 효과를 본격적으로 연구하여 'humor therapy'라는 웃음 치료의 새로운 장을 열었다.

그는 말한다.

"웃음은 해로운 감정이 스며들어 병을 일으키는 것을 막아 주는 방탄조끼이다."

 2

웃음 치료의 정의

몸에 병이 나면 우리는 그 몸을 치료하는데 생각을 집중하게 된다. 우리는 몸의 어느 부위가 아프다고 표현하며 그 특정 부위에만 관심을 쏟는다. 그래서 마음을 편하게 하며 긍정적인 생각을 유도하는 등 마음 치료는 상대적으로 등한히 하는 경향이 있다. 하지만 마음과 몸은 끊임없이 상호작용을 하며 영향을 미치고 있기 때문에 마음과 몸을 함께 치료해야 할 대상으로 인식하고 접근해야 한다.

건강함은 주관적인 마음과 신체가 모두 건강해야 붙일 수 있는 말이다. 그리고 마음의 건강에는 긍정적인 삶의 태도, 감사, 용서, 자존감 등등 수많은 요인들이 영향을 미치고 있다.

이러한 모든 요인들에게 웃음은 가장 중요한 영향을 주고 있다. 웃음은 우리 마음을 건강하고 즐겁게 하는 가장 탁월한 방법이며 우리 신체에 실제적인 영향을 미치고 있다.

그래서 성경에서는 '마음의 즐거움을 양약'으로 말하고 있다. 다시 한

번 강조하면 웃음은 수많은 역사를 통해 인류가 공통적으로 발견해 낸 부작용이 전혀 없는 '가장 좋은 약'이다.

오늘날 웃음에 대한 의학적, 과학적 접근은 웃음의 다양한 효력을 밝혀내고 있으며, 그 결과 웃음은 다양한 환자들을 대상으로 치료와 예방 보조제로서 사용 되고 있다. 향후 과학의 발전으로 웃음의 치료 효과를 점점 더 많이 밝혀 주겠지만 중요한 것은 지금 현재 어떻게 웃도록 유도하며 생활 속에서 습관처럼 웃음이 자리 잡히도록 도와 주는 것이 매우 중요하다.

웃음 치료는 '웃음은 만병통치약'이라는 보편적인 인식을 바탕으로 출발하며 건강한 사람에게는 각종 질병의 예방 수단으로서 환자들에게는 치료의 보조제로서 탁월한 효과를 발휘한다.

이런 측면에서 웃음 치료란 '마음을 평안하게 하여 질병에 대한 저항력을 높여 사람의 신체와 정신을 건강하게 하고 긍정적인 삶으로 삶의 질을 높이고 궁극적으로 참된 행복을 찾을 수 있도록 도와 주는 것'이라고 할 수 있다. 이를 다시 압축하여 다른 말로 정리하면 "인간의 영적·정신적·육체적 행복과 건강을 회복, 유지, 향상시키기 위해 웃음을 사용하는 것"으로 정의할 수 있다.

웃음보에 관한 연구

마음과 몸은 하나이다. 2500년 전 히포크라테스는 건강하다는 것은 몸과 마음의 균형으로 보았다. 그래서 그는 마음에 영향을 미치는 것은 무엇이든 신체에 영향을 미치며 또한 신체도 마음에 영향을 미친다고 했다. 그는 몸이 아프면 마음까지 함께 치료해야 한다고 주장했고 웃음이야말로 몸과 마음을 함께 치료하는 최고의 치료 수단이라고 했다.

그러나 그 후 데카르트의 합리주의는 의학계에도 영향을 미쳐 몸과 마음을 별개의 것으로 떼어 놓음으로 히포크라테스의 통찰은 그 의미를 잃게 되었다. 여기에서부터 몸과 마음이라는 두 개의 단어는 두 가지의 독립된 개체를 의미하는 용어로 받아들여지게 되었다. 이런 이원론적 사고의 영향으로 20세기까지 몸에 미치는 마음의 영향은 과학적인 연구 대상에서 경시되어 왔다.

그러다가 1969년에 노만 커즌스가 Humor therapy의 치료 분야를 개척하여 그 후 많은 이들에 의해 웃음 치료의 효과가 입증되고 있다.

딘시바타 교수(로체스터 의대 신경 방사선과)는 2000년 11월에 기능형 핵 자기 공명현상FMRI을 이용해 뇌의 어느 부분이 웃음에 관여했는지 촬영을 하였다. 그 결과 웃을 때 이마 뒤쪽에 있는 뇌의 '전두엽 하단'이 활발하게 활동한다는 사실을 알아냈다. 실제로 뇌출혈 등으로 이 영역이 손상된 사람들은 유머를 이해하며 웃는 능력을 잃어버렸다고 한다.

이착 프리드 박사(캘리포니아 주립대학)는 1989년 2월 인간의 웃음을 유발하는 뇌의 영역이 존재한다는 연구 결과를 『네이쳐』지에 발표했다. 16세 소녀의 간질 수술을 하기 위해 두개골을 연 후 89개의 전극을 연결해 미약한 전기 자극을 가했다. 그중 좌전두엽에 있는 대뇌이랑에 위치한 전극에 전류를 흐르게 하자 갑자기 웃기 시작했다. 전극을 삽입한 채 봉합 후 지속적 자극을 주었는데 자극할 때마다 그녀는 웃음을 참지 못했다. 이착 프리드 박사는 이 결과를 '웃음을 유발하는 신경회로'라고 추측했다. 재미있는 것은 전기 자극을 줄 때마다 웃고 나서 재미있는 생각을 그때 그때 만들어 냈던 것이다. 재미있는 생각이 떠올라 웃은 것이 아니었다.

이 곳이 4㎠ 크기의 웃음보이다. 그리고 이로써 억지 웃음도 진짜 웃음과 거의 같은 효과를 나타내는 것을 확인할 수 있었다.

웃음과 안면 피드백 이론

이를 드러내 놓고 환하게 웃는 표정을 지어 보라. 어떤 생각들이 떠오르는가? 이번에는 이를 악물고 눈살을 찌푸리고 분노에 찬 표정을 지어 보라. 어떤 생각들이 떠오르는가? 아마도 떠오르는 생각과 사건과 느낌은 전혀 달랐을 것이다. 기분이 좋을 때 웃는다는 것은 누구나 다 아는 사실이다. 그러나 억지로라도 웃으면 기분과 생각이 변한다는 사실을 아는 사람은 의외로 적다. 그래서 많은 사람들이 웃을 일이 생기기를 기다리지만 웃을 일은 별로 없기 때문에 거의 웃지 않고 살아간다.

울다 보면 슬퍼지고 슬퍼지면 더 심하게 울게 되고 또 웃다 보면 우스운 생각과 장면이 자꾸 떠올라 더 웃게 되는 것처럼 우리 신체 반응은 감정을 유도한다. 심리학의 아버지라 불리우는 윌리엄 제임스는 "사람은 행복하기 때문에 웃는 것이 아니라 웃기 때문에 행복하다"라고 말했다.

전통적 입장에서 얼굴 표정은 내적 감정 상태를 외부로 표현하는 기능만을 갖고 있다고 보았다. 그러나 반대로 표정이 달라지면 기분의 변화가 일어난다는 것을 여러 실험을 통해 확인했다. 레어드라는 심리학자는 실험에 참여한 사람들에게 아이들 사진을 보여 주면서 사진 속 아이가 얼마만큼 공격적인가를 평가하게 하였다. 한 그룹은 얼굴을 찡그린채 보게 하였고 한 그룹은 환하게 웃으며 사진을 보게 하였다. 실험 결과 전자가 후자보다 훨씬 더 아이를 공격적이라고 판단했다.

스트랙이라는 심리학자도 유사한 실험을 했는데 한 그룹은 볼펜을 치아로 물고 있도록 하여 웃는 표정으로 만화를 보게 하고 다른 그룹은 입술로 볼펜을 물게 해 입을 꽉 다물고 심각한 표정으로 만화를 보게 했는데 전자의 그룹이 훨씬 더 만화가 재미있었다고 평가했다. 표정을 밝게 가지면 기분이 좋아질 뿐 아니라 과거 좋은 일들이 더 많이 회상된다.

레어드는 대학생들에게 재미있는 기사와 분노를 일으키는 신문 기사를 읽게 한 후 시간이 지나서 웃는 표정과 찡그린 표정을 짓게 해서 전에 읽었던 기사를 회상하도록 했는데 미소를 지을 때는 재미있는 내용이, 화를 내는 표정을 지었을 때는 분노 유발 기사를 더 많이 기억해 냈다. 얼굴 근육은 기분에 따라 다르게 움직이지만 반대로 표정을 바꾸면 감정도 달라진다. 대뇌의 감정 중추는 표정을 관장하는 중추와 인접해 있으면서 서로 영향을 주고받기 때문이다. 이처럼 표정에 따라 감정 상태가 달라지는 심리학 이론을 안면 피드백Facial Feedback 이론이라 한다.

우리가 웃다 보면 기분이 좋아지고 기분이 좋아지면 생각도 밝아진다. 우스울 때 웃는 것은 누구나 다 할 수 있다. 절망 속에서도 웃을 수 있는 사람 만이 진정 인생을 행복하게 사는 사람이다. "1분 웃으면 인상이 변하고 매일 웃으면 인생이 변한다"는 말을 우리 삶 속에서 증명해 보자.

건강 웃음의 3요소

한국웃음연구소에서 보급하는 건강 웃음을 정리하면 다음과 같다.

1. 크게 웃자.

미국의 밴더빌트대학 심리학과 조안 바초로프스키 교수는 웃음은 미소와 별개 행위라고 주장한다. 미소는 웃음에 비해 얼굴 근육도 덜 사용하고 소리도 내지 않는다. 또한 호감을 가장한 의도적인 미소도 있을 수 있다. 그러나 웃음은 보다 솔직하고 즉각적인 감정의 표현으로 많은 신경과 근육, 배, 성대까지 동원되는 에너지 소모가 큰 행동이다. 웃음은 속이는 것이 매우 어렵기 때문에 사람들은 활짝 웃는 얼굴을 대하면 본능적으로 경계심을 풀고 편안함을 느낀다.

심리학자이며 캘리포니아 의대 교수인 폴 에크먼은 거짓 미소와 진실된 미소를 구분해 냈는데 그에 따르면 거짓 미소를 지으면 광대뼈와 입술 가장자리를 오가는 협골근만 움직이지만 진실된 마음으로 미소를 지으면 입 둘레근과 외측 부근이 작용해 눈썹과 눈썹 사이 피부가 약간 아래로 처진다고 한다. 얼굴 전체로 크게 웃는 웃음을 '함박 웃음', '파안대소'라고 한다. 이렇게 웃을 때 광대뼈 주위의 근육을 자극하게 되고 광대뼈 주위의 혈과 신경은 뇌하수체를 자극해 엔도르핀 등 쾌감 호르몬 분비를 촉진시켜 기분이 좋아지고 행복하게 된다. 존 다이아몬드 박사에 의하면 광대뼈의 신경은 심장 위에 있는 흉선을 자극해 면역계의 총 대장이라 할 수 있는 T임파구를 활성화시켜 면역 시스템이 강화된다고 한다. 가능하면 크게 웃고 또 연습도 크게 웃는 연습을 하자.

2. 길게 웃자.

미국의 빌 메모리얼 병원 연구에 의하면 15초 웃으면 2일 더 산다고 한다. 웃음의 효과가 극대화되는 시점은 10초에서 15초 정도이다. 15초 정도의 웃음에서 엔도르핀 분비가 최대로 활성화되기 때문이다. 숨이 끊어질 정도로 끝까지 웃게 되면 정말로 즐거운 웃음인 진짜 웃음으로 전환되어 더 즐겁게 길게 웃을 수 있다.

3. 온몸으로 웃자.

크게 숨이 끊어질 정도로 웃으면 오장육부가 움직여 내장이 튼튼해 진다. 웃음이 '내장 마사지' 역할을 하는 것이다. 이때 손과 발을 동시에 움직이거나 방바닥을 때리거나 펄쩍펄쩍 뛰면서 웃으면 얼굴 운동에서 전신 운동이 된다. 손뼉을 치면서 크게 웃는 '박장대소'는 배와 온몸을 움직여 웃는 것이다. 그리고 이 단계를 지나 미친 듯이 웃을 때 '포복절도', '요절복통'의 웃음으로 발전하게 된다.

이같이 배가 아프고 허리가 끊어질 정도로 웃을 때 최고의 건강 효과를 얻을 수 있다. 한번 크고, 길고, 온몸으로 웃을 때 200만 원어치 엔도르핀 등의 쾌감 호르몬이 나오고, 이틀 건강하게 더 살고, 스트레스가 감소하고, 면역 체계가 강화되고, 혈액순환이 잘되고, 에어로빅 5분 하는 운동 효과를 발휘한다고 한다.

매일 10번 이상 웃도록 노력하자.

 **6**

억지 웃음과 실제 웃음

영국의 권위 있는 과학 학술지 『네이쳐』 1989년 2월호에 웃음에 관한 흥미 있는 논문이 실렸다. 미국 캘리포니아 의과대학의 이착 프리드 박사의 논문으로 인간 대뇌에 관한 실험이었다.

이착 프리드 교수는 16세의 소녀 머리를 절개해서 뇌 속에 촘촘히 전극을 심기 시작했다. 90개에서 한 개 모자란 89개의 전극을 대뇌에 연결하고 미세한 전류를 한 개, 한 개 차례대로 흘려 보내기 시작했다.

왜 이런 실험을 하게 되었을까?

이 소녀는 간질 발작이 매우 심한 소녀였다. 그래서 대뇌에서 발작을 일으키는 신경회로를 찾아내기 위해 이런 실험을 감행하게 되었다. 그러나 원했던 성과는 이루지 못했다. 그런데 이상한 점을 하나 발견했다.

소녀의 대뇌 전두엽 대뇌이랑(A10 영역) 부분의 어느 지점을 자극하면 소녀가 웃는 것을 발견했다. 그 후 여러 번 자극을 줄 때마다 계속해서 웃었다. 조금 더 센 전류를 보내면 좀더 크게 웃었다. 그래서 우리 육체가 웃음을 유발할 수 있는 신경회로가 가로 2cm 세로 2cm정도(4cm²)의 크기로 좌 전두엽에 있는 것을 발견한 것이다. 그래서 웃음보는 우리 내장 속에 있는 것이 아니라 대뇌 속에 있음을 발견했다. 그런데 이 소녀는 먼저 웃지만 곧 웃을 만한 재미있거나 즐거운 일을 생각해 내곤 하였다.

우리 뇌는 웃음 근육들을 움직이면 웃는 것으로 인식한다. 그래서 15초 만에 엔도르핀, 엔케팔렌 등을 뇌하수체에서 생산한다(안면 피드백 효과). 그래서 억지 웃음도 진짜 웃음과 같은 효과(90% 정도)를 나타내고 곧 진짜 웃음으로 바뀌게 된다.

우리가 살다 보면 흔히 듣는 말 중에 "웃을 일이 있어야 웃지", "재미없는데 어떻게 웃어." 이런 말들을 많이 듣는다. 그러나 억지로라도 웃으면 웃을 일이 자꾸 생긴다. 그리고 웃다 보면 행복해지고, 스트레스가 아주 적어지고, 쑤시고 아프던 곳이 아프지 않게 되는 것을 발견할 것이다.

데일카네기 말처럼 웃음은 빌려 올 수도 없고 살 수도 없고 도둑질할 수도 없다. 오직 자신이 만들어 내야 한다. 철학자 니체는 "우리에게 웃음은 사라지는 것이 아니라 마음속에 감추어져 있다"라고 말했다.

마음의 주인은 바로 나다. 그래서 마음속에 감추어진 웃음을 언제나 꺼내 사용할 수 있다. 억지 웃음으로 웃다 보면 곧 진짜 웃음으로 바뀐다. 웃음은 연습이고 운동이므로 늘 시간을 정해 꾸준히 노력하는 자세가 중요하다. 하루 3분 이상, 3번 이상, 3주 동안 웃게 되면 어느 정도 웃음의 자신감이 생기고, 체질화되기까지는 9주의 기간을 노력해야 한다.

웃음은 가까이 또 자신의 마음속에 있지만 진짜 자기 것으로 만들기는 쉽지 않다. 그래서 노력하다 금새 포기한다. 웃음을 자기 것으로 만들면 빛과 같은 새로운 인생이 시작되는 데도 말이다.

신석기 시대의 미소

뉴질랜드 부근 파푸아뉴기니 고원지대를 2주간 걸어서 들어가면 "포레"라고 부르는 부족이 살고 있다.

이 포레족은 식인종으로 가족이 죽은 다음 그 뇌를 꺼내 먹는 풍습이 있었으며 이를 금기시킨 것이 1959년도였다. 이 부족에게만 나타나는 특이한 병이 있었는데 계속 웃음을 멈추지 못하고 죽는 질병이었다. 이 병 이름을 쿠루Kuru병이라고 한다. 웃다가 죽은 질병은 역사상 이 부족에게서 처음 보고 되었다. 아마 뇌속 웃음을 유발하는 신경회로를 계속 자극하는 질병이기 때문에 웃다가 사망하였을 것이다.

1967년에 미국의 젊은 심리학자 폴 에크먼Paul Ekman이 백인으로는 처음으로 이 원시종족을 찾아갔다.

여자들은 풀로 만든 치마를 두르고 있었고 남자들은 나무껍질로 만든 탕가Tanga를 입고 있었다. 그들은 풀과 나무로 엮은 오두막에서 살았으며 돌로 깎아 만든 연장을 사용하였다.

신석기 시대의 모습대로 살고 있었다. 에크먼은 마을 한쪽에 자리를 잡고 녹음기를 꺼내들었다. 이 포레족은 한번도 그처럼 반짝이는 상자를 본 적이 없었다. 상자 안에서는 두 개의 원이 저절로 빙글빙글 돌고 있었다. 그리고 갑자기 그들은 자신들의 목소리를 듣게 되었다. 입이 딱 벌어지고 광대뼈가 위로 올라갔다. 흰 이가 드러나고 그들의 눈이 빛이 났다. 그들은 미소를 짓고 있었다. 녹음기가 보여 주는 경이함에 놀라고 그 매혹에 빠져버린 것이다.

안내인이 미소 짓고 있는 그들의 사진을 찍어 신석기 시대와 같이 살고 있는 그들도 우리와 똑같이 미소를 짓는다는 첫 증거물을 제시했다. 그 후 몇 가지 실험을 더했다. 즉 고무로 만든 칼을 들고 그들에게 달려드는 연출을 하고 그들의 놀란 표정을 사진으로 남겼다.

또 즐거운 표정과 슬픈 표정을 짓는 미국인을 보여 주고 안내인을 시켜 어떤 사진이 자기 아이의 죽음을 기다리는 사람의 사진이냐고 물었다. 모두 한결같이 슬픈 표정의 얼굴을 가리켰다. 또 오랜만에 우연히 친구를 맞이하는 포레족의 표정은 문명사회 사람들과 똑같은 감정표현을 한다는 것에 의심할 여지가 없다는 것을 알았다. 언어는 민족마다 다르지만 감정은 뉴기니 고원지대에 사는 신석기 시대인이나 뉴욕에 사는 사람들이나 똑 같은 반응을 나타냈다.

문화와 문명이 인간 감정 표현에 영향을 거의 끼치지 않는다는 것이 그 후로도 더 확인되었다. 기쁨, 슬픔, 공포, 분노는 문명사회든 야만사회든 공통으로 갖는 느낌이었다.

많은 이들이 그전까지 이렇게 주장했었다. 아이들은 주변의 어른들을 통해 감정을 배운다는 것이다. 그런데 주변 어른들을 통해 감정을 배운다면 미소는 민족마다 상이하게 존재해야 할 것이다.

각기 언어가 다르듯이 말이다. 그러나 에크먼의 노력 이후 모든 인간은 기본 감정과 그 감정을 표현하는 방식이 선천적인 것을 인정할 수 밖에 없게 되었다.

태어날 때부터 시각장애로 아무것도 본 적이 없는 사람도 미소는 동일한 것으로 보아 기쁨은 습득되는 것이 아님이 확실하다. 그 후 36년이 지난 2004년, 영국 BBC 방송에서 영국의 조그만 소도시 슬라우 시민 전체를 상대로 거대한 행복 프로젝트를 실시했다. 그중 웃음과 미소가 행복에 미치는 영향을 조사하던 중 산모의 태아 초음파 사진을 조사한 적이 있다. 그런데 약 8개월 된 태아의 초음파 사진에서 웃는 모습들이 발견되었다. 그전까지는 태어나서 1~2개월 후 외부적 반응에 의해 웃게 된다는 주장이 많은 설득력을 얻었는데 어머니 뱃속부터 웃는다는 것이 증명된 것이다. 신은 우리에게 본능적인 웃음을 선사한 것이다.

왜 신은 우리에게 선천적으로 본능적인 웃음을 선사한 것일까? 이것 또한 인류의 역사 속에서 효과는 구체적으로 모르지만 꼭 필요한 때마다 인간은 웃음을 본능적으로 사용해 왔다. 이제 웃음과 미소가 어디에 어떻게 필요해서 또 어떤 효과가 있어서 웃는지 그 베일 벗기기 위한 탐구가 시작되었다. 이것은 고작 30여 년의 역사밖에 되지 않는다.

웃음에 대한 연구는 1970년대에 웃음의 선구자라는 노만 커즌즈에 의해 처음 시작됐다. 그리고 웃음에 대한 효과는 사회학, 생리학, 면역학, 심리학, 의학, 약학, 유전학 등 다양한 분야에서 연구가 진행되고 있다. 그러나 연구 인력은 많지 않은 것 같다. 짧은 역사지만 신이 우리에게 웃음을 선물한 의미는 이제 어렴풋이 알게 되었다. 그것은 보다 나은 삶의 질을 위한 것이다.

행복으로 안내하기 위해서다. 인류는 지금까지보다 나은 삶을 위해, 행복으로 가기 위해 이 웃음을 사용해 왔던 것이다. 그리고 앞으로도 변함없이 꾸준히 사용할 것이다.

보다 나은 삶을 원하는가? 행복을 원하는가?

지금 당장 웃어 보자. 우하하하하하하하하하하하하하하!!

인생을 행복하게 만드는 미소

우리가 웃을 때는 크고, 길고, 배와 온몸으로 웃는 것이 효과가 좋다. 매일 웃을 때마다 이렇게 웃으면 좋겠는데 이렇게 웃다 보면 다른 사람들에게 비호감을 조성할 수도 있고 또 미친 사람 취급을 받을 수도 있다. 그래서 평소에는 또 크게 웃을 일이 아닐 때는 미소를 짓는 것이 좋다.

미소를 짓는 것만으로도 우리의 기분을 밝게 해주고 긍정적인 마음을 갖게 한다. 그리고 미소는 사람들간의 의사 소통에 매우 중요한 역할을 한다.

"바람과 함께 사라지다"라는 영화의 여주인공 스카렛 오하라역의 비비안리는 배우로서 좋은 조건을 갖추지 못해 몇 번의 오디션에서 계속 떨어졌다. "바람과 함께 사라지다"의 여주인공 오디션에 응모했다가 역시 떨어졌으나 마지막 면접에서 그녀의 미소가 스카렛 오하라의 이미지와 딱 맞아 떨어져 스카웃되고 스타로서 첫 출발을 하게 되었다. 그녀는 멋진 웃음 때문에 스타가 된 것이다.

연예계 스타를 불치병에 걸려 경제적 어려움을 겪는 아이들과 연결시켜 포장마차 등 일일가게를 열어 도와 주는 스타 도네이션 프로그램이 있었다.

여러 명의 백혈병 소아 환자 중 혜연이라는 아이를 선정하여 가수 박미경과 결연을 맺어 수입금 3,000만 원을 기증한 일이 있었다.

이 프로를 담당한 PD는 왜 여러 명 중 혜연이를 택했는가라는 질문에 "아무 이유가 없었다. 그저 그 아이의 웃음과 미소가 방송용으로 적합했기 때문이다"라고 하였다. 미소가 그 PD의 마음을 열게 해준 것이다.

메라비언 법칙이 있다. 인간 관계에 있어서 의사 소통에는 시각적인 요소가 55%, 청각적 요소가 38%, 언어적 요소가 7%를 차지한다는 것이다. 우리는 흔히 언어적 요소, 즉 말이 전부라고 착각하며 살 때가 많다.

그러나 시각적, 청각적인 비언어적 요소가 대화에 훨씬 더 중요하다. 입사면접 시험이나 맞선을 볼 때 첫인상은 매우 중요하다는 사실은 다 공감할 것이다.

우리의 뇌는 이 시각적 요소로 상대방을 감지하고 인식하는데 천분의 33초밖에 걸리지 않는다고 한다. 즉 0.03초면 무의식 속에 상대방의 인상이 결정된다는 것이다. 항상 웃는 모습으로 상대방에게 좋은 인상을 심어 주는 일은 사회생활에서 매우 중요하다.

미소에는 두 가지가 있다.

폴 에크먼은 근육 움직임에 따라 미소 종류를 19가지로 구분했지만 크게 나눌 때는 진짜 미소와 가짜 미소로 나눌 수 있다.

진짜 미소는 프랑스의 신경학자 기욤뒤센의 이름을 따서 "뒤센 미소"라고 하며 가짜 미소는 지금은 없어진 미국의 항공회사 팬 아메리카 항공사 이름을 따 "팬 아메리카 미소"라고 부른다. 아마도 팬 아메리카 항공의 모델과 스튜어디스들의 미소가 가짜였을 것이다.

우리가 미소를 지을 때 입꼬리가 올라간다. 수평에서 약 7도 정도 올라간다고 전문가들은 이야기한다.

그러나 입꼬리 모양으로는 진짜 미소와 가짜 미소를 구별할 수 없다. 이 입꼬리를 들어올리는 근육을 협골주근이라 하는데 광대뼈에서 뻗어 나온 근육이다. 진짜 미소를 알기 위해서는 안륜근 즉 눈 주위의 근육을 살펴보아야 한다. 협골주근은 우리 의지대로 조절할 수 있지만 안륜근은 진정으로 즐거움을 느낄 때만 자발적으로 수축하기 때문이다. 그래서 윗눈썹이 조금 아래로 내려가고 눈 밑 피부가 조금 위로 당겨져 눈 자체가 조금 작아지고, 잔주름이 더 많이 생기는 미소가 진짜 미소이다.

1960년에 미국 밀러여자대학의 졸업 앨범을 보고 진짜 미소 짓는 졸업생 68명과 가짜 미소 짓는 졸업생 68명을 선택하여 그들의 나이 28세, 43세, 52세까지 추적 조사를 버클리대 켈트너와 하커 두 교수가 실시하였다. 그런데 인생의 만족도, 행복도, 가정생활의 원만함, 부부관계의 신뢰도 등 많은 부분에 있어서 진짜 미소를 짓고 있던 졸업생이 훨씬 높은 것을 발견했다. 미소는 우리 인생을 행복하게 만들어 준다는 것을 오랜 조사에 의해 확인한 것이다.

지금 미소를 짓고 있는가?

지금 바로 이 자리에서 미소를 짓자. 나는 행복하다고 외치면서…….

모든 일이 잘 풀려 가리라!

 9

운동 효과

웃음이 과연 운동 효과가 있을까?

실제로 웃음은 운동 효과가 대단하다. 일본에서 웃음의 운동 효과에 대한 연구 결과에 의하면 3분 동안 전력 질주하면 18kcal가 소모되며, 3분 동안 웃으면 11kcal가, 3분 동안 조깅을 하면 8kcal가 소모된다고 한다.

웃음의 놀라운 운동 효과가 아닐 수 없다. 따라서 웃음으로 다이어트를 성공하여 16kg이나 감량한 사례를 SBS '웃음에 관한 특별 보고서'에서도 소개하고 있다.

웃게 되면 우리 신체는 혈류량이 많아지고 근육이 강화되면서 순식간에 힘이 솟아나게 된다.

88년 올림픽 100m 우승자 칼 루이스는 100m를 전력 질주할 때 80m 쯤에서 입을 벌리고 씽긋 웃는 선수로 유명한데 그는 웃음 덕분에 마지막 1초에 큰 힘을 발휘해 역전의 기록 제조기라는 별명을 얻었다.

아테네 올림픽 역도 은메달 리스트 이배영 선수를 대상으로 웃음의 운동 실험을 하였는데 웃기전 이배영 선수의 악력(쥐는 힘)은 51이였다. 3분 동안 건강 웃음법을 이용해 웃게 한 후 악력은 57.5로 나타나 3분의 웃음으로 근력을 10% 이상 강화시킬 수 있었다. 그는 시합 중에 함박 웃음을 웃는데 본인 스스로 웃음 덕분에 은메달을 딸 수 있었다고 말한다. 베이징 올림픽에서는 다리 부상으로 안타깝게 메달을 놓쳤지만 그의 웃음은 역시 백만 불짜리였다.

웃음의 운동 효과로 3분 동안 웃으면 5분간의 에어로빅, 한 번 크게 웃는 것은 윗몸 일으키기 25회, 15초의 박장대소는 100m를 전력 질주하는 것과 같은 운동 효과를 낼 수 있다고 한다. 역시 웃음의 운동 효과는 대단한 것이라고 할 수 있다. 하지만 무엇보다도 웃음의 가장 큰 효과는 행복해지는 것이 아닐까?

우울한 날에는 한바탕 웃음으로 행복해지는 운동을 해보라.

다이어트 효과

웰빙 시대 우리의 최고 관심사는 단연 다이어트다. 우리나라 국민의 33%가 비만 인구이므로 그럴 만도 하다. 그래서 다이어트를 위한 각종 식이요법도 많고 각종 운동, 요가, 지방 흡입술, 복부 체지방 분해 주사, 고주파, 베리아트릭 수술(위 절제 수술) 등의 많은 방법이 동원되고 있으며, 또 거식증 등 사회적인 문제도 많이 야기시킨다.

다이어트를 하지 않아도 살이 빠지는 경우가 있는데 사랑에 빠지는 경우다. 각종 당류나 탄수화물 등을 우리가 섭취하면 신경 전달 물질을 자극하여 행복감을 느끼게 하는데 문제는 살이 찌는 현상을 초래한다는 것이다. 그러나 사랑에 빠지면 이런 음식을 먹지 않아도 행복감을 얻을 수 있기 때문에 다이어트 효과를 가져올 수 있다. 그러나 이보다 더 쉬운 방법이 웃음이다. 웃으면 뇌하수체에서 엔도르핀 등 호르몬 분비를 통해 행복감을 느끼게 되고 체지방이 분해되어 다이어트 효과를 가져올 수 있다. 또한 행복감은 포만 중추 신경을 자극하여 음식물 섭취량도 줄여 준다(SBS 웃음에 관한 특별 보고서에 16kg 감량한 예를 소개하고 있다).

운동량으로도 3분 조깅이 8kcal를 소비하는데 비해 3분 웃음으로 11kcal를 소모하여 조깅보다 운동 소모량이 더 많아 다이어트 효과를 볼 수 있다. 또 우리 몸에는 650개 근육이 있는데 박장대소를 할 경우 231개 근육이 들썩인다. 즉 1/3이 넘는 근육을 사용하므로 활력이 생기고 소화기 활동이 왕성해진다.

웃을 때 많이 쓰는 근육 중 하나가 복부 근육으로 이로 인해 체지방이 분해되고 다이어트 효과를 얻을 수 있는 것이다.

우리 뇌는 진짜 웃음과 억지 웃음을 구분하지 못 한다고 한다. 따라서 억지 웃음도 진짜로 신나게 웃을 때와 거의 같은 효과를 볼 수 있는 것이다. 우리가 신 포도와 신 자두를 먹는다고 상상할 때 입에 침이 고이고 실제 먹는 것처럼 반응하듯 우리가 웃는 얼굴을 하면 안면 근육과 얼굴 표정 정보가 뇌에 전달되어 기분 좋은 반응을 유도한다(안면 피드백 효과).

억지 웃음으로 시작해도 바로 진짜 웃음으로 바뀌게 되고 이로 인해 튀어나온 살을 들어가게 하라. 이젠 다이어트도 부작용이 없고 요요현상도 없는 웃음으로 하라.

웃음 내시

조선 시대 임금들 옆에는 '웃음 내시'가 있어서 정사에 피곤한 임금들의 스트레스를 날려 주는 역할을 했다. 임금의 장수를 위한 배려이다. 우리 말에 '일소일소 일노일노(一笑一少 一怒一老)'라 하여 웃음 회수가 삶의 질과 비례하며 젊게 오래 산다고 하였다.

우리가 일생 동안 얼마나 웃을까? 80세까지만 계산하면 우리가 일하는데 27년, 잠자는데 25년, TV시청하는데 7년, 근심 걱정하는데 6년 반, 양치와 세수 및 씻는데 3년 반이 걸린다고 한다. 그런데 웃는 시간은 많으면 3개월, 적으면 한 달 미만이라고 한다. 우리가 걱정하는 것도 진짜 걱정거리는 4%에 불과하다고 한다. 따라서 96%는 걱정하지 않아도 될 것을 걱정하며 걱정을 끌어안고 살고 있는 것이다.

설문 통계에 의하면 절대로 발생하지 않을 사건에 대한 걱정이 40%, 이미 일어난 일에 대한 걱정이 30%, 별로 신경을 쓰지 않아도 될 사소한 일에 대한 걱정이 22%, 우리가 어떻게 바꿀 수 없는 사건에 대한 걱정이

4%이며 진짜로 자신이 해결해야만 할 걱정은 4%밖에 안 된다는 것이다.

또한 미국의 심리학자 쉐드 헴스테더가 조사한 바에 의하면 인간은 하룻동안 5-6만 가지 생각을 하는데(우리 말에도 오만가지 생각이라는 말이 있음을 알 것이다.) 그중 75%인 3-4만 가지 생각은 부정적인 생각이라고 한다. 따라서 사람들은 행복보다는 불행을 더 많이 생각하고 긍정적인 생각보다는 부정적인 시각으로 자신을 바라보며 세상을 평가한다고 한다.

부정적인 생각이 깊어지면 심한 스트레스를 받고 질병에 시달리게 되어 수명이 짧아질 수밖에 없게 된다. 이러한 3-4만 가지 생각들을 긍정적으로 변화시키고 기쁜 생각을 만들어 준다면 우리 삶의 질도 매우 높아지고 장수의 복도 누릴 수 있다. 우리는 웃음을 선택하므로 부정적인 생각의 늪에 빠지지 말고 긍정적인 마음을 불러일으켜 마음을 밝게 해야 한다. 그래서 나쁘게 오염된 생각들을 제독시키고 걱정거리들을 말끔히 청소해야 한다. 우리가 15초 웃으면 2일 더 살고 1분 웃으면 8일을 더 산다고 한다. 수명만 연장될 뿐 아니라 삶의 질과 행복지수도 웃는 만큼 향상될 것이다.

모두 모두 웃음으로 장수의 복을 누리고 행복해 지시길……

웃음 운동을 위한 준비

1. 스마일 거울을 장만하라.

사람들은 자신의 웃는 얼굴을 잘 기억하지 못한다. 특별하게 웃는 형상을 기억하지도 않았지만 그만큼 웃는 표정을 자주 보지 못했기 때문이다. 스마일 거울은 바로 이런 분들을 위한 거울이다. 사람들이 가장 많이 웃을 때는 인사할 때와 거울을 볼 때라고 하니 거울을 자주 보라. 지갑에도 준비하고 현관에도, 컴퓨터 옆에도, 거울을 설치해 보라. 중요한 것은 스마일 거울은 장식이 아니라 거울을 보고 웃으라는 거울이다. 가능하면 거울을 자주 보고 자주 웃자. 스마일 거울은 당신의 웃는 얼굴을 비추고 싶어 한다.

2. 스마일 라인을 만들라.

스마일 라인은 문 앞이든 책상 앞이든 어디든지 붙일 수 있다. 이 스마일 라인은 자신과의 약속이다. 스스로 스마일 라인을 넘을 때는 미소 짓거나 한번 웃는다라고 생각하자. 스스로의 다짐만으로 웃는 것은 쉽지 않다. 따라서 웃음이 생각날 수 있도록 가능하면 많은 도구를 활용하는 것이 중요하다. 스마일 라인을 거실, 사무실 문 앞 또는 자동차 문 앞 등 자신이 원하는 곳에 붙여 보자. 테이프나 청테이프도 좋다. 간단한 선만으로도 가능하다. 단 스마일 라인을 건널 때는 웃겠다라는 다짐은 반드시 지켜야 한다.

3. 웃음 노트를 준비하라.

웃음 노트에는 오늘 하루 들었던 좋은 이야기, 행복한 이야기, 유머 등 긍정적이고 기분 좋은 이야기를 간단하게 적어 놓아라. 이러한 웃음 노트는 마치 행복을 저장해 놓는 것과 같아 행복 이력서가 된다. 사람들은 의외로 행복한 기억을 잘 떠올리지 못한다. 망각은 그렇게 빠르다. 하지만 행복한 기억만으로도 우리는 순식간에 행복해지고 웃음 짓는다. 따라서 웃음 노트는 우리가 언제든지 웃을 수 있도록 해준다. 그리고 유머는 나뿐만이 아니라 타인을 행복하게 해준다. 웃음 노트에 기록한 작은 행복 메모는 우리의 웃음을 보장한다.

4. 가족의 웃는 사진을 걸어 놓아라.

웃음은 그 자체로 긍정적인 파동이 있다. 보는 사람의 마음을 밝게 만든다. 따라서 웃는 사진은 미소를 만들어 낸다. 먼저 가족들이 모여서 환하게 웃는 사진을 찍어라. 조금 오버해서 포복절도하는 사진도 좋다. 이러한 사진을 거실, 자동차, 컴퓨터 등 눈에 보이는 모든 곳에 붙여라. 웃는 사진은 우리의 마음을 평안하게 하며 웃음을 자아낸다. 그리고 수첩에도 가족의 웃는 사진, 또는 자신의 웃는 사진을 넣어 두어라. 당신의 가슴 속에서 당신의 웃음을 지킬 것이다.

택크레이Thackeray이 말대로 좋은 웃음은 집안의 햇살이다.

웃음 연습 방법

웃음 스쿨에서 5시간 실컷 웃고 난 후 심했던 견통과 편두통이 감쪽같이 없어진 일은 참으로 신기했다. 그 후 웃음에 관하여 공부를 하면서 엔도르핀, 엔케팔렌 등 모르핀의 효과를 내는 생체 호르몬의 영향인 것을 나중에 알게 되었다. 다음날 아침부터 적극적으로 웃기 시작했다.

구체적인 방법으로 집안에서 웃는 방법과 집 밖에서 웃는 방법으로 나누어 방법을 개발해 갔다.

우선 집 밖에서는 차 속에서 웃기를 실천해 갔다. 먼저 다른 차가 내 앞에 낄 때마다 "0000번님 잘 끼여드셨습니다! 하하하하하" 하며 혼자 인사하며 웃기도 하였고, 두 번째는 차 위로 구조물이 지나갈 때마다 웃기로 작정하였다. 구조물은 출퇴근길인 동부간선도로에 매우 많다.

예를 들어 철도, 전철, 다리, 육교, 지하차도, 교통 사인보드, 감시 카메라, 순환도로, 이정표, 고가도로, 터널 등등…….

출근할 때 43개, 퇴근할 때 69개가 있어 합해서 112번 이상을 웃게 되었다. 그런데 종종 다른 생각 때문에 잊어버리고 지나칠 때가 있어 지금은 자동차 시동을 걸면 무조건 200번 이상 웃으며 주행하곤 한다.

차 속에서 웃는 것이 가장 효율적인데 아무리 크게 웃어도 옆에 들리지 않고 설령 누가 보아도 재미있는 라디오를 듣는 것으로 알고 별로 이상하게 쳐다보는 경우가 없기 때문이다.

한번은 신호 대기 중 너무 크게 웃자 아내가 옆구리를 꼭 찌른다. 바로 옆에 오토바이가 섰기 때문이다. 그래서 더 크게 웃고 아내도 아주 크게 웃었는데 전혀 들리지 않는 눈치이다. 운전 중에 웃을 때는 긴장은 풀되 전방 주시는 똑바로 해야 사고가 나지 않을 것이다.

또한 천변川邊 길을 산책하며 웃기 시작했는데, 소리를 내서 웃으면 다른 이들이 미친 사람으로 볼 수 있기 때문에, 사람 없는 곳에서는 크게 소리내서 웃지만, 사람 있는 곳에서는 보이지 않게 무음소로 웃고 얼굴 마주칠 때는 미소로 웃는 연습을 하였다.

가정 내에서는 제일 먼저 웃음 라인을 집 현관 입구에 스티커로 붙여 놓고 이를 통과할 때마다 모든 식구들이 웃도록 약속하여 실천했다. 아침에는 "오늘은 내 인생 최고의 날이다"라고 외치며 15초 이상 웃고, 식사 전후에는 "감사히 먹겠습니다.", "감사히 먹었습니다"를 외치며 웃고, 밤에 자기 전에는 "나는 날마다 모든 면에서 좋아지고 있다"라고 외치며 15초 이상 웃고 자도록 연습하였다.

또 저녁식사 후에 100회씩 케겔 웃음으로 웃음 연습을 하였으며, 시간 날 때마다 60여 가지 웃음 방법을 개발하여 이 중 10개 이상 가족과 함께 웃음 클럽을 진행하며 웃었다. 그밖에도 준비했던 것은 웃음 방석, 웃음 탬버린, 웃음 타임, 웃음 방, 웃음 뽕망치, 웃음 버튼 등이었으나 위의 것만으로도 충분하여 다른 것을 별로 사용하지 못했다.

무엇보다 웃음 연습에서 가장 중요한 것은 본인의 의지이고 두번째는 가족들의 공감과 호응이다. 가족들 모두 웃음의 경험을 하는 것이 필요하다. 그래서 우리 가족들은 모두 웃음 스쿨에 다녀왔다. 사람은 누구나 웃을 수 있다. 그러나 우리 삶 속에서 늘 함께하기는 매우 어렵다.

계속 강조하였듯이 웃음이 주는 혜택은 기적과 같아서 행복과 건강뿐 아니라 긍정적인 삶의 자세와 자신감을 회복하는 놀라운 결과를 가져온다. 이를 위해서는 꾸준히 웃음을 연습하는 수밖에 없다. 일시적이 아니라 삶 속에 웃음이 녹아져 삶의 방법으로 자리 잡혀야 한다.

3주간 매일 10분 이상 웃자. 그리고 9주 동안 웃음을 습관화시켜야 한다. 63일(9주)은 모든 습관이 우리 삶 속에 뿌리내리는 시간이다.

지금부터 63일간 쉬지말고 하하하하하하하하하하하하.

창조성을 높여 주는 웃음

1995년 3월 13일 새벽까지 인도 뭄바이시에서 병원을 개업하고 있는 내과 의사 마단 카타리아Madan Kataria는 좀처럼 잠을 이루지 못하였는데 불현듯 한 가지 아이디어가 떠올랐다.

3시간 후 그는 공원으로 가서 사람들을 붙잡고 자기와 함께 웃어 보지 않겠냐고 물어 보았다. 그날 그의 제안을 받아들인 사람은 4명뿐이었다.

그는 웃음의 효과에 대해 설명하고 서로 농담과 유머를 주고받으며 웃기 시작했고 다음날도 같은 방법을 되풀이했다.

그러나 10일째에 농담과 유머가 바닥나며 웃기 위해서는 반드시 농담이 필요한 것은 아니라고 깨닫기 시작했다. 그는 요가 선생인 부인의 도움을 받아 웃음 훈련 동작을 만들어 "웃음 요가"라는 새로운 동작들을 만들어 보급하기 시작했다.

이것이 웃음 클럽의 시초이며 현재 인도에는 6,000개 가까이 웃음 클럽이 있고 전 세계(미국, 영국, 독일, 스웨덴, 노르웨이, 덴마크, 캐나다 등)적으로도 약 2,000개 정도의 웃음 클럽이 생겨나게 되었다.

웃음이라는 전염병을 세계로 확산시켜 인류의 건강을 향상시키고 수익도 증대시키며 세계 평화도 가져오게 한다는 목표로 생겨난 웃음 클럽은 마단 카타리아 박사의 좀 엉뚱한 생각에서 이렇게 출발한 것이다.

인도의 웃음 클럽은 새벽 6시 30분, 사람들이 모이면 호호! 하하하! 호호! 하하하! 하며 손뼉을 치면서 시작된다. 웃음에는 유머나 레크리에이션 등의 전제 조건이 없다. 그냥 아무 생각 없이 웃는 것이다. 웃음의 원천은 밖에 있지 않고 개인의 내부에 있기 때문에 웃음을 위한 조건이 필요 없다. 이 웃음 클럽은 지역을 중심으로 모이다가 이제는 직장 내에도 급속히 확산되고 있는 추세이다.

우리나라에는 매일 모이는 웃음 클럽은 별로 없는 듯하다. 1주일에 한 번 정도 모여 서로 웃고 헤어지는 클럽은 많이 생겨나고 있다. 세계 웃음의 날도 제정되었는데 매년 오월 첫째 일요일이며 덴마크 코펜하겐 광장에서 수만 명이 모여 함께 웃음 페스티벌을 열고 있다.

과거에는 웃음이 직장 내에서 금기시 되었던 때가 있었다. 1940년대 포드 자동차 회사 리버루즈 공장에서는 웃음이 엄격히 금지되었다. 웃음, 미소, 콧노래, 휘파람은 진지한 작업에 불복종 신호로 여겨졌다. 존 갈로라는 사람은 동료와 웃다가 자동차 조립 라인을 30초간 지연시켜 파면을 당했다.

이 당시 관리 규칙은 "일할 때는 일하고 놀 때는 놀아야 한다. 이 둘은 섞어서는 안 된다"는 헨리 포드의 경영 철학에서 나온 것이다. 포드는 일과 놀이의 결합을 독소적인 것으로 생각하고 두려워했다. 일과 놀이를 분리하지 않을 경우 서로가 서로에게 피해를 끼친다고 보았던 것이다.

그러나 시대가 바뀌고 하이컨셉, 하이테크 시대가 된 현대에는 일과 놀이의 결합이 강력한 회사 경쟁력 강화 전략으로 바뀌고, 더 좋고 바람직한 창조를 이뤄낼 수 있는 필요한 전략으로 바뀌고 있다.

34년간 한번도 적자를 기록한 적이 없는 사우스웨스트 항공사는 이런 Fun 경영의 대표적 회사로 9·11테러 후에 많은 항공사가 도산할 때도 10-15%의 성장을 계속해 왔다.

웃음 클럽의 목적은 전체가 더욱 즐거워져서 생산성과 창조성을 높이고 삶의 질을 더 높여 주는 것이다.

"즐겁게 일하지 못하는 사람은 어떤 일에서도 좀처럼 성공을 거두지 못한다"는 것이 현대 기업을 운영하는 경영자들의 공통된 대다수 경영철학이다.

무조건적인 웃음에서 우리의 기분과 감정이 변화되어 기쁨을 얻을 수 있다. 웃기 위해 다른 어떤 것에 의존한다면 평생 웃을 일은 별로 없을 것이다. 그런 웃음은 우리의 것이 아니다. 조건적 웃음으로부터 벗어나 아무 이유 없이 무조건 웃는 습관을 연습해야 자신의 웃음이 된다.

각 직장마다 스트레스가 넘쳐나는 현실에서 직장마다 웃음 클럽이 전파된다면 직장 내 스트레스를 줄여 주는데 큰 역할을 할 수 있다. 그리고 직장마다 웃음 방을 마련해서 스트레스를 팍팍 풀어버릴 수 있어야 한다. 사내에 흡연실이 있다면 웃음 방은 더 많이 있어야 한다.

대한민국 기업들 중에 많은 웃음 클럽이 생겨나길 바란다. 또 지역 사회에도 많은 웃음 클럽이 생겨나 기쁘고, 행복하고, 즐거운 대한민국이 되기를 기원해 본다. 아무 생각 없이 웃자. 하하하하하하하…….

# 15

웃음을 잃어버린 러시아인

　러시아 유학생들과 함께 웃기 위해 모스크바 시내에서 약 2시간 정도 교외에 있는 끌랴지마 연수원에 간 적이 있다. 1월의 모스크바는 추위가 만만치 않아 영하 20도를 오르락내리락 한다.

　구름은 항상 두껍게 끼어 햇빛을 볼 수 없으며, 항상 흰 백설기 가루 같은 작은 입자의 눈이 소리 없이 내린다. 눈이 많이 와서 모스크바의 제설기술은 세계 최고라고 한다. 제설차 네다섯 대가 비스듬히 서서 지나가면 넓은 도로가 깨끗이 치워진다.

　모스크바 광장 근처에 있는 삼성 간판과 LG 다리는 우리나라의 보다 커진 국력을 보는 듯해서 흐뭇하다.

　러시아 정교회는 이제 필수 관광 코스인데 우리를 위해 불러 주는 남성 4중창 성가는 신비한 공명을 일으키며 몸의 전율을 느낄 정도로 화음이 아름답다.

　연수원 근처의 호수는 바다처럼 넓었는데 두꺼운 얼음이 얼어 아침 조깅 코스로는 아주 멋졌다. 주변의 별장들은 러시아 부호들의 호사스런 여가 생활을 엿볼 수 있었으며 곳곳에 펼쳐진 숲은 자작나무가 가득해서 시베리아의 호랑이가 곧 튀어나올 것 같은 착각을 불러일으키며 두려움을 느끼기에 충분했다. 흰색의 나무껍질에서는 차가버섯이 생산되는데 암에 특효약이라고 한다.

러시아 문학이나 음악이나 미술이 밝고 경쾌한 것이 적고 대부분 웅장하고 깊고 심오한 데 이것은 이런 환경과 밀접한 관계가 있다는 것을 피부로 느낄 수 있었다.

그런데 한 가지 이상한 것을 느꼈다. 바로 러시아 사람들은 웃지 않는다는 것이었다. 공항에 도착해서 떠날 때까지 7일간 웃는 사람을 보지 못했다. 대형 마트들도 많이 들어섰는데 서비스업에 종사하는 이들 또한 웃지 않았다.

일조 시간이 짧고 우울한 환경 탓일까? 아니면 공산 정권하에 통제받으며 살았던 사회적 여건 때문일까? 웃음 없는 러시아인들 속에 이역 만리 유학와서 공부하는 우리 유학생들은 매우 힘들다. 물가고(하루 자고 나면 집값이 오름), 부모의 기대감에 부응하려는 내적 부담감과 경쟁, 러시아인들의 냉담하고 차가운 반응, 문화적 차이, 이 모든 것들이 그들을 자꾸 우울하게 만든다. 그래서 러시아 유학생들도 웃음이 적어진다.

특히 연극, 무용, 성악, 기악 등 예술을 전공하는 학생들이 매우 많아 이런 분위기에 매우 민감하며, 매년 여러 건의 사고가 일어난다고 한다.

이들에게 한 시간 간증하고 세 시간 선택과목으로 웃음을 전하며 유학 생활에 자신을 위한 웃음으로 자존감을 회복하고 긍정적으로 바뀔 수 있도록 함께 노력했다.

돌아오는 길, 모스크바의 교통 혼잡은 어찌나 심한지 서울보다 더 심한 체증 현상으로 결국 식사 예약을 취소하고 햄버거로 저녁 식사를 대신했다.

모스크바 상공에서 모스크바 시내를 바라보면 참으로 화려하고 휘황찬란하다. 석유자원 등 풍부한 자원으로 비약적인 경제성장을 이루어 가는 모습이 역력하다. 불과 몇 년 전까지 만해도 생필품이 모자라 상점마다 길게 줄을 늘어선 모습을 외신보도를 통해 보곤 했는데…….”

편도 9시간의 비행에 갈 때 책 한권 읽고 돌아올 때 또 한권 읽고 남는 시간을 이용해 웃음법을 하나 개발했다.

케겔 요법에 웃음을 가미한 것이다. 옆좌석 손님들이 자니까 나도 눈 감고 케겔 운동하며 표정으로 웃는다. 이것도 오래하면 이마에서 땀이 난다. 이후로 이 케겔 웃음법은 저녁 식사 후 온 가족이 함께하는 단골 웃음법이 되었다. 그리고 운전하면서도 자주 이용하는 웃음법이 되었다. 한번 시작하면 최소 50회 이상한다.

오른손 주먹을 불끈 쥐고 항문을 힘껏 조이면서 인상을 쓰면서 열정적으로 웃는다.

자! 모두 함께 케겔 웃음법 시작! 으하하하하하하하…….

미래의 트렌드 trend

올림픽대로나 강변북로를 달리다 보면 꽤 많은 다리가 있고, 또 건설 중인 다리도 보게 된다. 특히 밤에는 아름다운 불빛으로 치장해 자신 만의 독특한 색깔을 뽐내며 아래로 지나가는 보석처럼 영롱한 유람선의 불빛을 품어 주곤 한다.

필자가 어릴 때만 해도 한강에 3개였던 다리가(한강 인도교, 한강철교, 광진교) 이제는 30여 개로 늘어났다. 당시 강남으로 가기 위해서는 뚝섬나루에서 하루 서너 차례 다니던 나룻배를 이용했는데 배로 강을 건너 봉원사를 갔던 기억, 고교시절 제2한강교가 합정동에 세워져 일부러 구경갔던 추억도 스쳐 지나간다. 다리는 사라져간 시간들이 부활하는 장소이며, 수많은 추억의 사연들이 앨범처럼 펼쳐지는 곳이기도 하다.

비틀즈의 노래 "험한 세상 다리가 되어"도 이제는 클래식 범주에 속하게 되었고 주현미의 "비 내리는 영동교"도 추억으로 사라져 가고 있다.

오늘날과 같이 생존 경쟁이 심한 사회에서는 인간관계를 연결해 주는

다리가 많이 끊어지지 않았는가 다시 한 번 생각해 보게 한다.

개인간의 관계뿐만 아니라, 종족 이기주의에 의한 자살테러 등으로 민족간의 다리도 끊어지고, 진보와 보수의 갈등에 국민간의 다리도 끊어지고, 대화의 단절로 부부간, 부모 자식간, 친구간의 다리도 끊어지는 시대가 아닌가 싶다. 특히 미국산 쇠고기 문제로 촛불집회와 이를 진압하려는 공권력, 정치권의 대립, 그리고 많은 시민들의 의견을 보면서 이제는 건널 다리가 없는 것같아 안타까운 심정이다. 인간과 인간 사이의 의사소통을 위한 가장 좋은 다리는 웃음일 것이다. 웃음이라는 다리를 통해 서로의 감정을 교류하고 이로써 서로의 감정이 이입되는 것이다.

현대 이후 미래 사회는 SQ(사회지능지수)가 가장 중요시 되는 사회라고 한다. 과거의 산업화 시대에서 IQ가 중요시되고 정보화 시대에 EQ가 중요시 되듯 말이다. EQ와 SQ를 정립한 학자 다니엘 골만은 웃음은 SQ에 가장 중요한 항목이라고 할 수 있는 감정이입에 탁월한 효과를 발휘한다고 했다. 그래서 미래의 트렌드 중 웃음을 아주 중요한 요소 중 하나로 꼽았다.

또한 세계적 미래학자 다니엘 핑크도 미래의 중요한 여섯 가지 항목 중 하나인 '놀이play'에서 웃음을 가장 많이 소개하고 있다.

우리가 서로 대화할 때 말의 내용이 차지하는 비중은 7%밖에 안 되고 시각적 요소 즉 표정이 55%를 차지한다고 한다. 미소짓는 표정, 웃는 얼굴은 너와 나를 성공적으로 이끄는 소통의 다리이며, 더불어 사회와 세계를 향한 평화의 다리이기도 하다.

인간관계의 회복을 원하는가? 웃음 다리를 먼저 놓으면 자연히 회복될 것이다. 웃음 다리는 가장 놓기 쉽고 확실한 효과가 있다.

미소 근육을 단련하라

우리는 행복할 때 미소를 짓는다. 그런데 거꾸로 미소를 지으면 행복한가? 그렇지 않다. 미소에는 진짜 미소와 가짜 미소가 있는데 진짜 미소를 지을 때 행복하다. 그러면 행복하면 그 감정을 느끼는 동안은 계속 미소를 지을까?

1992년 바르셀로나 올림픽 때 스페인 연구자들이 금메달 수상자 22명의 표정을 관찰하는 연구를 하였다. 즉 시상대에 올라가기 전 표정, 시상대에 올라섰을 때 표정, 국가가 울려 퍼지며 올라가는 국기를 바라볼 때의 표정을 관찰한 결과 두 번째 단계인 시상대에 막 올랐을 때 대부분 가장 많이 미소를 지었다. 세 단계 모두 행복감은 동일했을 것이다.

그래서 행복을 느끼는 때에도 미소를 짓지만 이것은 사회적 상황, 환경적 상황에 따라 다르게 나타난다는 것이다.

국가가 울려 퍼지고 국기가 올라갈 때 수상자들은 오히려 심각한 표정을 지었는데 이는 미소를 지어도 좋은 때와 그렇지 않은 때를 구분하는 사회적인 암묵적 규칙이 존재하기 때문이다. 그래서 그 암묵적 규칙에 의해 우리의 얼굴 미소 근육이 작용되는 것이다.

미소에 대해 많은 업적을 남긴 폴 에크먼은 훈련을 통해 얼굴 근육의 번호를 정해 놓고 피실험자들에게 그 근육을 움직이도록 주문했다. 피실험자들은 그 근육이 미소 근육들인지 모르고 지시받은 대로 움직였다. 그런데 그들은 특정 근육만을 움직이는 것으로 작은 행복감을 느꼈다고 한다.

심리학자 프리츠 스트랙은 얼굴 근육이 뇌에 영향을 미쳐 기분을 변하게 할 수 있다는 가정하에 다음과 같은 실험을 했다.

즉 치아 사이에 펜을 물되 한 그룹은 입술을 닿지 않게 하여 치아가 드러나 미소 짓는 표정으로 만화를 보게 하고, 한 그룹은 입술을 꼭 다물게 하여 심각한 모습으로 만화를 보게 하였다.

결과는 미소 짓는 표정으로 만화를 보게 한 그룹이 훨씬 더 만화가 재미있었다고 평가했다. 이것은 미소가 단지 감정의 결과물만이 아니라 감정을 변화시키는 원인이 될 수도 있다는 것이다. 그 영향력이 작용하는 메커니즘은 정확히 밝혀지지 않았지만, 영향력은 확실히 존재한다. 다만 그 영향력은 매우 짧다.

미국의 유명한 심리학자 윌리엄 제임스는 인간의 신체적 감각에 따라 감정이 좌우된다고 믿었고 이 이론을 활용해 우울증에서 벗어날 수 있다는 주장을 하였다.

슬플 때 애써 미소를 짓는다든지, 비참할 때 심호흡을 하며 웃는다든지, 행복할 때 하는 행동을 일부러 함으로써 기분이 나아질 수 있다는 것이다. 미소 근육을 움직이면 기분에 확실히 영향을 미치게 된다.

희귀 질환으로 뫼비우스 증후군이라는 것이 있다. 이 질병은 일종의 얼굴 근육 마비 증세인데 미소를 지을 수도 없고 웃을 수 없게 된다. 따라서 교우 관계를 형성하거나 유지하지 못하게 된다.

그러므로 미소 근육은 사회적으로 대단히 중요한 기능을 담당하게 되는 것이다. 우리는 잘 웃는 사람을 좋아한다. 더 많이 웃는 사람에게는 더 많은 웃음으로 화답하게 되고 이로 인해 우리는 서로 더 행복해진다.

달라이라마는 "세계 평화를 원한다면 먼저 지금 당신 옆에 있는 사람에게 미소를 보내라"고 말했다.

세계 평화의 가장 기본 단위는 나의 미소로부터 시작된다. 미소를 지으려면 미소 근육을 발달시키고 계속 활용해야 한다.

어느 기업에서 입꼬리 올리는 훈련을 하루 3백 번씩 3개월 동안 연습하여 기업을 변화시킨 예도 있다.

내가 변하고, 가정이 변하고, 직장과 내가 속한 모든 공동체가 변하고, 이 사회가, 이 나라가 그래서 세계가 변하도록 나부터 미소 짓기를 생활화하자. 미소도 연습이다. 미소 근육을 단련시켜야 한다. 그래서 항상 아름다운 미소가 있는 당신을 브랜드화시켜라.

미소 근육 단련은 불행 끝, 행복 시작의 단순한 훈련이다.

18

스트레스 탈출

큰 소리로 산에 가서 '야호'를 외치든지 노래를 부르면 기분이 상쾌하게 전환되는 경험이 있을 것이다. 우리 속에 있는 감정은 발산하는 것이 건강에 좋다. 스트레스는 발산하지 못한 감정의 응어리가 마음에 쌓여 있을 때 생긴다. 무엇이든지 소통이 되어야지 쌓여 있는 것은 좋지 않다.

감정을 발산하기 위해서는 큰 소리를 지르거나 노래를 부르거나, 엉엉 울거나, 소리내서 마음껏 웃거나 하는 식으로 과감하게 감정을 표출해야 한다. 교양이 없다고 생각하는 등 너무 이성적 사고에 집착하지 말고 감정적 행동으로 풀어서 소통하는 것이 본인의 건강과 행복을 위해 훨씬 좋은 선택이 될 것이다. 감정을 참고 사는 사람일수록 결정적인 상황에 닥치면 폭발해 사회와 가정과 개인의 생활에 돌이킬 수 없는 우를 범하곤 한다.

그러나 평상시에 어느 정도 감정을 발산하면 어느 정도 조절이 가능해진다. 이런 점을 회사 내에서 활용하는 곳도 있다. 회사 내 "스트레스 해소실"이라는 방을 두어 그 곳에서 스트레스를 어느 정도 해소시키게 한다. 거기에 인형 몇 개 놓아두어 인간관계로 화가 머리끝까지 난 사원들이 들어가 준비해 둔 막대기로 사정없이 인형을 때리게 한다. 그 인형은 화난 사원의 상사가 되기도 하고, 얼굴도 보기 싫은 동료가 되기도 하며 분풀이 대상이 된다.

어느 회사는 방음벽으로 둘러싸인 방에서 마음껏 소리를 지르게 하는 곳도 있다고 한다. 그래서 동료와 주위 사람과 부딪치는 것을 적게 하고 감정적 갈등을 줄이는 역할을 하게 한다.

인도에서는 직장마다 웃음 클럽이 활성화되어 있다. 약 6,000개나 된다고 한다. 그들은 업무 시작 전 하하 호호호 하며 30분 정도 마음껏 웃고 업무에 임한다. 그리고 중식 시간에, 식사 후 또 하하 호호호 하며 30분 정도 함께 웃음 클럽을 진행한다.

직장뿐 아니라 초·중·고등학교에서도 아침조회 시간에 웃음을 보급하고 있다. 그래서 생산성도 높아지고, 창의성도 증가되고, 동료간 친구 간 갈등의 폭도 훨씬 줄어든다고 한다.

우리나라도 각 직장마다 웃음 클럽이 생겨났으면 좋을 것 같다. 그리고 기업마다 웃음 방을 설치해서 우울하고, 갈등 있고, 화날 때 웃음 방에서 실컷 웃도록 하면 좋겠다.

웃게 되면 코르티솔, 아드레날린 등의 스트레스 호르몬 생산이 줄어들고 생산된 호르몬도 중화되어 그 양이 줄어든다. 부정적 마음이 변하여 긍정의 마음으로 바뀌게 된다.

요즘은 많은 기업이 FUN 경영이라고 하여 웃음을 기업경영에 도입하고 있다. 그래서 많은 사내 갈등 문제를 해결하고, 업무 분위기를 고조시켜 화기애애한 사내 분위기를 만들고, 생산성을 높이고, 창의적 경영을 이루어 나가기도 한다.

직장뿐 아니라 가정에서의 웃음은 자신의 행복과 건강에 직접 연결되어 있다. 가정을 웃음이 끊이지 않는 아름답고 행복한 가정으로 만들기 위해서는 본인의 결심도 중요하지만 가족 구성원들의 협조와 공감대 형성이 가장 중요하다. 웃음의 시작은 나와 가정에서부터 시작해야 한다. 그렇게 해야 웃음이 마르지 않고 오래오래 웃을 수 있다.

우리나라 국민들은 화병火病이라는 다른 나라에 없는 병이 있다. 이것은 스트레스를 누르고, 분노의 감정을 참고 사는 것이 미덕이라는 오래된 관습에서 유래된 것이다. 이제 그런 시대는 지나갔다. 감정을 표출하고 스트레스를 그때 그때 해소해서 더 큰 문제를 미리 예방하자. 이를 위해 최선의 처방은 웃는 일이다.

한바탕 큰 웃음을 통해 스트레스로부터 탈출하자.

웃음학회

    1993년 7월 9일 "웃음은 학문이다"라고 주장하는 일본 사람들이 모여 회를 결성했다. 이것이 일본 웃음학회이다. 일본 웃음학회는 의료와 평화를 위한 최고 학회로 자처한다. 이 학회 회원은 1,000명을 넘었고 전국에 지부를 두는 모임으로 성장하게 되었다.

    『웃음학 연구』라는 기관지도 발행하는데 이를 통해 건강대책을 세울 수 있도록 도와 주고 웃음에 관한 효과와 실험 결과들을 소개하고 있다.

    2004년 4월 19일 일본 도쿄도 초후시에서 감동적인 이벤트 집회가 하나 열렸다. 이는 "NPO 법인 암 환자학 연구소"에서 주최한 "1,100명 집회"로 이름 붙여진 집회였다. 말기암을 극복한 124명이 나와 1,100명에게 극복의 경험을 들려주고 용기를 북돋아 주는 대회였다.

    발표자로 나온 124명의 암 극복자들은 여비, 숙박비, 보수조차 없이 자비로 달려와 도와 주었으며 그 열의와 성의는 많은 이들에게 감동을 전해 주었다. 이 대회를 물심양면으로 도운 웃음학회 부회장 노보리 씨는 이렇게 이야기한다.

"말기암이 불치병이라는 말은 잘못되었다. 그렇다고 수술, 항암제, 방사선이라는 3대 요법만으로 치료되지는 않는다. 나쁜 생활습관과 몸에 좋지 않은 식습관을 고치고 불치병이라는 편견과 침울한 마음을 개선한다면 좋아질 수 있다."

발병 전과 크게 달라진 점은 모두가 평범한 일상이 얼마나 고마운 일인지 크게 깨닫게 된 것이다. 그리고 적극적으로 많이 웃으며 생활하고 또 밝고 긍정적으로 생활하는 것이 얼마나 중요한지 깨닫게 된 것이다. 그래서 많은 이들은 암에게 고맙다고 말을 한다. 또한 암을 극복한 분들은 암에 걸리기 전보다 훨씬 여유롭고 행복한 인생을 보내고 있다.

사람은 태어나면서부터 죽음을 향해 간다. 그래서 누구나 다 시한부 인생을 산다. 이것은 일부 사람만 알고 있을 뿐이다. 우리에게 주어진 인생을 감사하며 여유 있게 즐기며 살아가는 것은 자신의 마음먹기에 달려 있다. 현재는 세 명 중 한 명이 암에 걸리는 시대이다. 오늘은 당신, 그리고 내일은 내가 걸릴지 모른다. 그러나 즐겁게 웃고 긍정적인 생각을 하며 주어진 모든 것과 모든 존재에 감사하고 사랑하는 삶을 살면 미래의 병은 문제없이 모두 해결될 것이다.

한국에는 웃음학회가 아직 없다. 웃음의 역사도 매우 짧아 대중적으로 웃음이 보급되기 시작한 것도 2005년부터라고 볼 수 있다. 우리나라도 많은 이들이 웃음으로 건강 대책을 마련하고 행복한 삶을 향상시키며 진정한 웰빙의 삶을 살도록 하기 위해 한국웃음학회의 발족은 중요하고 시급하다. 웃음에 종사하는 전문인들이 모여서 학문적인 틀을 마련하고 의료, 행복, 평화에 이바지하는 한국웃음학회의 창립을 기대한다.

제5부

치유

웃음이야말로 신이 인류에게 선사한 최고의 치유 능력이며,
그 심오한 힘 앞에 어떤 의약품도 범접하지 못한다.
뱃속 깊은 곳에서 우러나오는 웃음은 우리 생명에 기적을 일으킨다.
웃음은 인류가 발견한 부작용 없는 최고의 명약이다.

Tip 5 생활 속의 웃음 실천하기

자신이 웃을 수 있는 방법은 얼마든지 스스로 창작 개발해서 웃을 수 있다. 자신에게 맞는 웃음법 5가지만 만들어 생활 속에서 응용하자.

1. 눈맞춤 웃음 : 가족끼리, 또는 동료들끼리 눈이 마주칠 땐 웃기로 약속하고 눈이 마주칠 때마다 미소나 큰 소리로 웃어 준다.

2. 전기쇼크 웃음 : 모든 사람의 몸(손가락)에선 만 볼트 전류가 흐른다고 생각하고 악수할 때나 신체적 접촉이 생길 때마다 자지러지게 "악!~~ ~~~~~~~~"하며 쇼크 반응을 일으킨 듯 크게 웃는다.

3. 롤러코스트 웃음 : 롤러코스트를 타고 달리는 모습대로 짜릿하게 소리를 질러가며 모션을 취하며 웃는다.

4. 먼지떨이 웃음 : 온몸에 쌓인 스트레스 먼지를 털어 내며 웃는다. 머리부터 발끝까지 스트레스 먼지를 털어 내며, 또 친구나 가족들의 먼지도 털어 주며 웃는다.

5. 사랑의 총 쏘기 웃음 : 서로를 향해 손가락으로 총 쏘는 시늉을 하며 "탕"하고 소리 내고 웃는다. 시간을 정해 놓고 하면 되고, 총에 맞은 사람은 "으~" 하고 쓰러지며 웃는다.

6. 풍선인형 웃음 : 주유소, 행사장 등에서 바람으로 풍선을 불어 마음대로 흔들리는 풍선 인형을 흉내 내며 자유롭게 웃는다(나는 자유인이다! 라고 소리치며).

7. 하히후헤호 웃음 : 자신을 껴안으면서 또는 아픈 부위를 두드려가며 하하하하하하하…… 히히히히히히…… 후후후후후후…… 헤헤헤헤헤헤헤…… 호호호호호호…….

 1

진통 효과

우리는 일생을 살면서 많은 통증으로 고통을 받게 된다. 두통, 치통, 생리통, 오십견, 수술 후 통증, 관절염 통증 등 헤아릴 수 없을 만큼 많은 통증이 우리를 거쳐 간다. 특히 암 환자들의 말기 통증은 우리 인내의 한계를 벗어나는 참으로 고통스러운 통증이 아닐 수 없다.

이럴 때 우리는 가벼운 진통제를 복용하거나 심하면 모르핀, 염산 페치딘, 염산날부틴 등의 마약류 진통제를 투여하면서 통증을 참아내야만 한다.

웃음 치료의 선구자적 위치에 있는 노만 커즌스는 '강직성 척추염'의 심한 고통을 코미디 프로를 보며 웃음으로 치료했다고 한다.

이 글을 쓰는 필자도 목 디스크(4, 5, 6번)로 인해 심한 어깨 통증과 좌측 팔 저림 증상으로 인해 운전을 못하고 두 달 동안 아내가 운전을 해준 적이 있었는데 물리치료만 받다가 웃음 치료를 병행하자 급속도로 호전되어 통증을 거의 자각하지 못하는 치유의 경험을 최근에 했다.

스탠포드의대 윌리엄 프라이 박사가 40년간 웃음과 건강 관계를 연구한 결과는 아래와 같다.

1. 뇌하수체에서 엔도르핀이나 엔케팔렌 같은 자연 진통제가 생성된다.
2. 암 환자의 통증이 현저히 경감된다.
3. 부신에서 통증과 신경통과 같은 염증을 낫게 하는 신비한 화학 물질이 나온다.
4. 뇌졸중의 원인이 되는 순환계 질환이 예방된다.
5. 동맥이 이완되어 혈액이 잘 순환되고 혈압이 조절된다.
6. 심장 박동수가 높아져 혈액순환이 좋아지고 몸의 근육이 이완된다.
7. 혈액 내 코티졸이라는 스트레스 호르몬 양이 줄어든다.
8. 스트레스와 분노, 긴장이 완화되어 심장마비가 예방된다.

진실로 웃음은 부작용 없는 최고의 명약이다.

당뇨병 치료 효과

우리는 주위에서 당뇨 합병증으로 신장 기능을 잃어 투석하고, 발도 절단하는 등 당뇨 합병증의 무서움을 많이 보아 오고 있다. 당뇨는 무서운 병인가? 관리만 잘하면 벗하며 무탈하게 평생을 지낼 수 있는 병이 당뇨병이라 하지 않는가?

일본 국제과학진흥재단의 '마음과 유전자 연구회'는 재미있는 실험 결과를 발표했다. 즉 당뇨병 환자 21명을 대상으로 첫째 날에는 혈당치 측정 1시간 전부터 당뇨병 매커니즘에 관한 지루한 강의를 하고, 둘째 날에는 측정 1시간 전에 만담을 보여 주어 폭소를 유발시켰다. 이틀 모두 정오에 점심 식사를 한 후 2시간 뒤에 혈당치를 측정한 결과 공복시와의 혈당치 차이가 첫째 날은 평균 123인 반면 둘째 날은 77로 큰 차이를 보여 웃음이 당뇨병 개선에 큰 효과가 있는 것으로 나타났다.

이와 같은 결과는 최근 쓰쿠바대학 케이코 하야시 교수 연구팀에 의해서도 확인되었으며 당뇨 환자뿐 아니라 일반인들에게서도 같은 결과가 나타나서, 웃으며 즐거운 마음으로 식사할 것을 권하고 있다.

웃음이 혈당을 줄이는 이유는 정확히 밝혀지지 않았지만 웃으면 배의 근육이 많이 움직이기 때문에 에너지 소비를 증가시키기 때문일 것이라고 추정된다.

또다른 연구가 역시 쓰쿠바대학 무라카미 가즈오 교수에 의해 실시 되었는데 그는 웃음이 잠자고 있는 유전자의 스위치를 ON시킨다고 주장했다. 즉 인간의 유전자 대부분은 잠자고 있으며 이 잠자는 유전자 중 웃음으로 좋은 유전자는 ON시키고 나쁜 유전자는 OFF시켜 인간의 가능성을 몇 배로 향상시킬 수 있다고 한다.

그는 그의 연구를 바탕으로 마음과 신체는 통합되어 있다고 확인하였으며 웃음으로 당뇨병 환자의 혈당치가 극적으로 저하되는 실증 분석 결과를 보고했다.

그는 웃음뿐 아니라 자기가 하고 싶은 일을 열심히 하고 감동을 하고 감사를 하는 것이 유전자를 ON시켜 우리의 신체를 건강하게 한다고 말하고 있다.

우리의 식사 문화는 침묵과 정숙을 바른 문화 정서로 생각해 왔다. 그러나 웃음은 때와 장소를 가리지 말아야 한다. 웃으며 즐겁게 식사하는 문화로 바꾸어 더욱 더 건강한 삶을 영유해야 할 것이다.

심장병·알레르기 예방 효과

마이클 밀러(메릴랜드대 메디컬센터 심장전문의)는 웃음이 심장 발작을 감소시키고 혈관의 외벽에 상처를 줄 수 있는 수축이나 염증을 막아 준다는 이론을 발표했다. 또한 건강한 심장을 가진 사람들에 비해 심장 질환을 가진 사람들이 일상의 평범한 일들에서 유머를 발견할 확률이 40%나 낮다는 사실을 발견했다.

즉 심장 질환에 걸리면 유머 감각이 없어진다는 것을 설문을 통해 조사하였다. 그는 300명의 사람 중에 건강한 심장을 가진 사람과 심장 질환을 가진 사람을 반씩 나누어 '만약에' 라는 여러 가지 질문을 던졌다. 즉 '만약에 파티에 갔다가 자기가 입은 옷과 똑같은 옷을 입고 온 사람을 발견했을 때 웃어 넘길 수 있는가?' '만약에 친구들과 외식을 하는 중에 웨이터가 실수로 당신에게 음료수를 쏟았다면 웃으며 괜찮다고 할 수 있는가? 등등 이런 여러 가지 질문에 심장 질환자군의 유머 감각 상실도가 현저히 높았다.

우리는 금연, 운동, 포화 지방이 적은 음식, 소량의 적포도주 등이 심장 질환의 위험을 낮춰 준다는 것을 알고 있다. 기분 좋게 웃으며 식사하는 것도 심장 질환 예방에 크게 도움이 되는 것을 잊지 말아야 한다.

일본 교토 우니티카 중앙병원 기마타 하지메 박사팀은 미국의학협회지JAMA에 발표한 논문에서 알레르기 환자가 찰리 채플린의 희극 영화를 본 뒤 증상이 개선된 사례를 보고했다(SBS스페셜 '웃음에 관한 특별 보고서'에서도 소개).

기마타 박사팀은 남녀 알레르기 환자 26명을 두 그룹으로 나눠 각각 찰리 채플린의 희극 영화 〈모던 타임즈〉와 일반 비디오를 보여 준 뒤 이들의 상태를 관찰했다.

먼저 알레르기 유발 물질을 주사 후 90여 분간 비디오 시청 뒤 피부 상태를 검사한 결과 채플린 영화를 본 환자들은 알레르기로 인한 피부 태흔이 줄어든데 반해 일반 비디오를 시청한 환자에게서는 아무런 변화도 나타나지 않았다.

길을 다니면서 사람들의 표정을 살피면 웃는 사람이 너무 없음에 놀라게 된다. 전에는 잘 느끼지 못했어도 웃음의 효과를 알고부터는 우리나라 사람들이 너무 웃음에 인색함을 절실하게 느낀다.

나부터 웃자. 내가 웃음의 바이러스가 되자.

대한민국이 웃음으로 진동할 때까지 웃고 또 웃자.

스트레스와 신체 변화

 스트레스라는 말을 많이 쓰고 있지만 의학적으로 정의하기는 어려운 일이다. 굳이 넓게 정의하자면 스트레스는 개체의 존립에 위협을 주는 모든 내부적, 외부적 자극을 의미하고 다른 면으로는 신체를 전투 준비 태세로 만드는 심리적 중압감이나 긴장감을 의미한다.

 스트레스를 받게 되면 교감 신경이 자극되어 우리 몸은 전투 준비 태세로 들어간다. 우선 동공이 확대되면서 외부로부터 더 많은 정보를 받아들인다. 근육에 힘이 들어가고 두뇌가 빨리 빨리 돌아가게 된다. 이렇게 근육과 두뇌가 긴장하면 에너지 소모가 급격히 늘어나고 체내의 모든 상태는 근육과 두뇌로 적절히 군수품을 보급하는 체제로 재편된다.

 교감 신경은 콩팥(신장) 위에 위치한 부신을 자극해서 '스트레스 호르몬(아드레날린)'을 분비하도록 만든다. 또 스트레스 호르몬은 체내의 혈액 분포에 변화를 일으킨다.

 피부와 내장의 혈액이 근육과 두뇌로 향하도록 해서 햴액 속의 영양분이 더 많이 근육과 두뇌로 가도록 해준다. 혈액 이동의 변화 때문에 침 분비는 억제되고 내장에서 음식을 소화하고 흡수 저장하는 기능도 중단된다. 과도한 스트레스를 받게 되면 침이 마르고 체하고 토하게 되는 것이다.

또 이런 혈액 이동이 빨라지도록 혈압이 상승하고 비상 사태를 대비해 체내(주로, 간)에 저장된 포도당이 대량으로 피 속으로 나와서 두뇌와 근육 에너지원으로 쓰이도록 해준다. 팽팽하게 긴장된 근육과 두뇌는 당과 산소를 소모하고 이산화탄소를 만들어 낸다.

또 스트레스 호르몬은 기관지를 축소시키고 호흡 활동을 빨라지게 해서 산소 공급을 최대화하는데 이 산소 공급 능력을 극대화하기 위해 비장에서 적혈구 생산 속도가 빨라지도록 자극한다.

근육이 긴장해서 움직이고 나면 체내에서는 과잉으로 열이 생산되어 체온이 상승하는데 이를 식히기 위해 털이 곤두서서 체표면이 대기와 접촉하는 면적을 넓히고 땀이 나게 해 체온을 내린다. 또 이와 반대의 경우도 있는데 추운 날씨나 화장실에서 소변을 본 후 체온이 내려가면 몸을 떨어(근육을 운동시켜) 체온을 높이게 한다.

소변을 보면 약 11칼로리의 열량이 몸 밖으로 빠져 나가고 순간적으로 체온이 내려가 우리 몸은 근육 운동(떨기)을 시킴으로 열을 발생시켜 체온을 높이는 것이다.

모든 질병의 근원인 스트레스에 의한 신체 변화에 대해 살펴보았는데 이 스트레스를 진정시키고 우리 몸의 안정을 찾기 위해서는 웃음이 최고의 명약임을 다시 한번 상기하자.

그래서 오늘도 웃어야 한다.

질병의 근원 스트레스

스트레스 호르몬 중에 코티졸이 있는데 이것은 일종의 스테로이드이다. 근육의 힘을 강화시켜 주는 작용 때문에 운동 선수들이 종종 스테로이드를 이용한다. 올림픽 등에서 도핑 테스트에 걸려 실격되는 주범도 바로 스테로이드이다.

이처럼 코티졸은 근육의 힘을 강화시켜 준다. 그런데 이런 스트레스는 왜 우리 몸에 좋지 않은가?

우선 스트레스가 오랫동안 지속돼 만성화되면 피부와 내장이 나빠진다. 피부의 혈액순환이 좋지 않아 탈모 현상이 생기고 내장의 소화 기능이 떨어지고 변비나 위궤양 등의 소화기 질환이 잘 생긴다. 또 만성적 스트레스는 계속 혈압과 혈당을 높은 상태로 만들어 고혈압이나 심장병, 편두통, 당뇨병을 만드는 위험 요인이 된다.

스트레스는 기관지를 수축시키고 호흡 활동을 빨라지게 하기 때문에 천식이 있는 사람은 더욱 악화시키고(천식 발작) 없던 사람에게도 천식이 생기게 할 수 있다. 또한 갑상선 질환(항진증, 기능저하)을 악화시키기도 한다.

스트레스 호르몬(코티졸)은 우리 몸의 면역력도 저하시킨다. 그래서 만성적인 스트레스에 시달리다 보면 감기를 비롯한 온갖 감염에 잘 걸리고, 항상 피곤하게 된다.

면역력 저하는 우리 인체가 발암 물질을 제대로 제거하지 못하게 하며 암 세포를 효과적으로 없애지 못해 암에 잘 걸리고 전이도 잘 되게 만든다.

만성 스트레스는 여성들에게 생리 불순을 일으키고 저체중아를 출산할 위험성도 높이고 남성들에게는 심인성 발기부전을 일으키기도 한다.

독일의 티체 박사에 의하면 웃음은 모든 질병의 근원인 스트레스를 진정시키고 혈압을 떨어뜨리며 혈액순환을 개선시키는 효과가 있을 뿐 아니라 면역 체계와 소화 기관을 안정시키는 효과도 있다고 한다. 화가 나지 않아도 화내는 표정을 하면 심장의 박동수와 피부 온도가 올라가지만 웃는 표정을 지으면 반대의 생리적 변화가 일어나 스트레스가 경감된다는 것이다.

따라서 웃음은 일종의 항스트레스 치료제이다. 과학적으로 입증된 웃음의 효과 세 가지만 열거하면 다음과 같다.

① 웃음이 암 세포를 죽이는 인체 내 자연살해 세포를 활성화시킨다.
② 웃음이 행복 호르몬인 엔도르핀 분비를 높이고 스트레스 호르몬을 떨어뜨린다.
③ 폭소의 경우 횡경막을 이용한 빠른 복식 호흡을 하게 됨으로 가슴, 위장, 어깨 주위의 상체 운동을 한 효과를 얻게 된다.

통증 치료제

　웃음에 의한 엔도르핀의 생성으로 10분 웃음이 2시간의 진통 효과를 나타낸다고 한다.

　뉴욕의대 재활의학과 존 사노John E. Sarno 박사는 통증에 대하여 30년 넘게 TMS라는 새로운 진단 개념을 이용하여 수술과 약물, 물리치료에 의존하지 않고 수천 명의 통증 환자를 성공적으로 치료한 경험을 갖고 있다.

　TMS는 긴장성 근육통 증후군Tension Myositis Syndrome의 약자로써 목, 어깨, 등, 허리, 엉덩이, 다리 등의 신체 후면에 나타나는 통증을 전부 아우르는 back pain을 주로 의미하며 이외에도 긴장성 두통, 편두통, 속쓰림, 틈새 탈장, 위궤양, 십이지장궤양, 대장염, 과민성대장 증후군, 건초열(알레르기), 천식 등 정신적 긴장과 관련된 질환들도 TMS의 일종이라는 것이다.

　그의 베스트셀러『통증을 이기는 마음의 힘Mind Over Back Pain』『통증

혁명Healing Back Pain』에서는 TMS 관련 질병들이 무의식 속의 억압된 정서 때문에 발원한다고 한다. 즉 무의식 속의 열등감, 불안, 나르시시즘, 분노 등의 감정을 우리 마음이 억제하는데 이 억제된 감정을 우리는 스트레스라고 하고 우리 마음은 이 스트레스를 어떻게든 처리하려고 하기 때문에 TMS가 생기는 것이라고 한다.

TMS는 뇌에서 시작하여 자율 신경계에 의해 작동되어 '투쟁-도주반응' (스트레스에 의해 가장 먼저 나타나는 반응)을 일으킨다. 이때 자율 신경계는 혈류량을 매우 정교하게 조절하며 특정 근육, 신경, 힘줄, 인대에 공급하는 혈액의 양을 줄이고 소화 기관의 기능을 멈추게 한다. 이것이 혈관 수축에 의한 국소빈혈이고, 이 특정 조직이 평소보다 적은 양의 산소를 공급받아 산소 결핍증에 의해 통증, 저림, 쑤심, 무기력감 등의 다양한 증상을 보인다는 것이다.

이에 대한 치료는 신체 증상을 무시하고 심리적인 면에 초점을 맞추어 무의식 속에 억압된 감정들이(분노, 불안 등) 의식 표면으로 떠오르려는 경향(방어기제)에 의해 TMS가 생기므로 TMS의 원인이 억압된 감정이란 점과 TMS는 심각한 질환이 아니며 오히려 '위장술이라는 점을 확신만 시켜 주어도 1~6주에 통증이 사라진다!' 고 하였다.

웃음은 억제된 감정(스트레스)를 현저히 감소시킴으로 이에 대한 처리가 필요 없으며 따라서 TMS로 불리우는 수많은 통증과 질병을 근본적으로 차단하는 것이다. 강직성 척추염으로 아스피린을 하루 26알, 신경안정제를 12알씩 먹으며 투병' 하던 노만 커즌스가 웃음으로 치유된 기적은 나에게도 일어난다고 믿어야 한다. .

면역력 증가를 위한 웃음

일본 오까야마현 시바타 병원 의사 이타미는 유방암이나 악성 임파종, 갑상선기능저하증 등의 환자 19명에게 재미있는 연예공연을 3시간 정도 즐기도록 한 뒤 관람 전후의 면역 기능을 검사, 측정한 18명 가운데 14명의 면역 기능이 현저히 향상된 결과를 얻었다고 한다.

모든 체내의 활동은 자율 신경에 의해 조절된다. 자율 신경에는 교감 신경과 부교감 신경의 두 계통이 있는데 쌍방이 균형을 유지하면서 장기나 기관의 활동을 관장한다. 몸에 가장 해로운 것은 어느 한 쪽의 신경계로 기우는 것이다. 한쪽으로 지나치게 치우치면 되돌리기 위한 진폭도 그만큼 커진다. 이럴 때 심신이 불안정하게 된다.

실험 결과 웃으면 교감 신경과 부교감 신경이 알맞게 변환되어 활성화한다. 이 변환은 몸의 각 부분을 조정, 활력을 창출하는 것으로 추정되고 있다. 웃음으로써 부교감 신경이 우위로서 작용하기 시작한다. 그러면 부교감 신경 지배하에 있는 임파구가 활성화한다. 또 크게 웃으면 그 정보가 뇌 내의 신경핵에 미쳐 '쾌락 호르몬'이라는 별명을 가진 도파민이라는 신경 전달 물질이 분비되는데 이 도파민은 혈액, 체액 속에서 백혈구를 직접 자극하여 활성화시킨다.

오란다의 연구팀은 암 환자들 중에서 암 세포가 한결같이 퇴축되어 있는 사람 7명을 조사했는데 공통점은 발병 후에도 적극적인 생활 방식으로 낙관적인 태도를 가지고 있었다고 한다. 미국의 캔터키대학은 비관적인 사람보다 낙관적인 사람의 T세포가 더 많고 NK세포의 상해 활성도도 높다는 연구를 보고한 바 있다. 웃을 때 뇌에서는 편안한 상태에서 나타나는 알파파와 세타파가 활성화된다. 이것이 활성화되면 기분 좋은 상태가 오래 지속되어 NK세포를 활성화시켜 면역력이 증강된다. 또 도파민 외에 20여 가지 쾌락 호르몬이 있는데 엔도르핀 같은 대표 쾌락 호르몬이 분비되어 각종 통증에 영향을 미치며 대신 코티졸, 노르아드레날린 같은 스트레스 호르몬의 분비를 적게 나타나게 한다.

우리가 사는 시대는 환경오염, 화학 가공식품, 가축, 어류, 식물에 엄청난 살충제, 호르몬제, 성장촉진제, 방부제, 진정제, 항생제, 식용촉진제, 화학 독극물들이 투여되어 있고 이들 식물, 가축, 우유, 계란 등을 일상적으로 먹는 우리들의 건강은 매우 우려될 수밖에 없다. 중국발 멜라민 파동은 전 세계를 떠들썩하게 만들었으며 식생활의 중요성을 다시 한 번 일깨워 준 사건이었다.

음식물의 섭취에도 많은 신경을 써서 건강을 유지시킴은 물론 웃음으로 스트레스를 날리고 면역력을 증강시켜 질병을 예방, 치료하며 행복을 누리는 삶이 되도록 하자.

웃음과 면역 세계

우리 몸에서 최전선으로 먼지나 미생물 같은 이물을 저지하는 것이 '자연 면역'이라는 시스템이다.

자연 면역의 요소는 많이 있다. 우선 피부, 눈썹, 코털 등의 방벽(장애물)이 있는데, 그중에서도 피부의 역할은 중요하다. 화상으로 피부가 광범위하게 손상되면 감염증이 일어나기 쉽다. 피부라는 방벽이 무너져 병원균이 침투하기 쉽기 때문이다. 피부의 상처를 통해 감염되는 바이러스는 광견병 바이러스, 일본뇌염 바이러스이다.

1920년대 초 페니실린 발견자인 영국의 세균학자 플레밍은 세균 배양 그릇 안에 그만 실수로 콧물을 떨어뜨렸다. 그러나 그것을 버리지 않고 배양기 속에 넣어 두었는데 2~3일 후 살펴보니 그 속의 세균은 모두 없어져 버렸다. 이때 발견한 것이 콧물, 눈물, 침 등 분비액과 점액에 들어 있는 리소자임Lysozyme이라는 살균 성분이며 이것이 또한 세균 침투를 저지한다.

여기까지의 방어망을 뚫고 들어온 이물질은 매크로파지(대식 세포), 호중구, NK세포(자연살해 세포), 보체 등이 나서서 먹어 치우거나, 갈기갈기 찢어 죽이거나 바이러스 따위로 손상된 세포를 파괴함으로서 감염의 확대를 막는다.

여기까지의 방어 시스템을 '자연 면역'이라 하며 이것은 선천적인 것으로 곤충에서부터 사람에 이르기까지 폭 넓게 생물에게 존재하고 있다. 자연 면역의 기능이 강한 사람 즉 질병에 대한 저항력이 강한 사람은 다음의 요소를 가진 사람에 해당된다.

① 점액을 비롯한 분비물에 리소자임 등 살균 성분이 많이 들어 있는 사람

② 매크로파지의 탐식 작용이 강하여 침입한 이물을 즉각적으로 처리하는 사람

③ Natural Killer(NK)세포의 활동성이 강하여 감염 세포, 암 세포를 즉각 죽이는 사람

이상의 '자연 면역'을 모두 격파하고 침입하는 이물을 요격하는 것이 최후의 보루인 T세포, B세포 등으로 불리우는 임파구이다. 이들을 '획득 면역'이라 한다. 획득 면역은 후천적인 것으로 그것에 한번 감염되어야 얻어지며 사람과 같은 고등 생물에만 존재하는 면역 시스템이다. 이 획득 면역의 특징은 기억을 가지고 있어 항상 퇴치를 위한 정보를 보존하는데 이런 것을 이용한 것이 백신인 것이다.

우리가 긍정적인 삶을 살며 또 웃을 때 자연 면역 시스템 중 대식 세포, 호중구, NK세포 등의 활동성이 매우 활발하게 되고 일부는 수도 증가 하며 획득 면역 기구 중 T세포, B세포의 활동 활성도를 크게 높여 그

임무를 효과적으로 충분히 처리할 수 있게 만들어 줌으로 면역에 의한 질병 예방과 치료에 좋은 효과를 발휘할 수 있다.

다시한번 강조하거니와 웃음은 인류가 발견한 부작용 없는 최고의 명약이다. 웃음약을 부지런히 복용하여 건강한 삶을 지켜 나가자.

웃음과 흉선학교

우리 몸 속 장기 중에 흉선이란 것이 있다. 흉선은 심장의 앞면에 있는 부드럽고 희며 작은 장기로 가슴 한복판 뼈의 안쪽에 있으며 면역의 중추장기이다. 이 흉선의 역할은 면역 세포를 훈련시키는 일이다. 이 흉선 thymus에서 교육을 받고 졸업 시험에 선발된 세포를 흉선의 머리 글자를 따서 T세포라 한다.

T세포는 골수에서 줄기 세포로 만들어져 흉선에 들어오는데 약 10억 개의 임파구가 흉선학교에 훈련받으러 입학한다고 한다. 흉선은 이들 임파구에 대하여 두 가지 엄격한 교육을 한다. 하나는 자기를 인식하느냐의 여부, 또 하나는 자기에 대해 강력히 반응하느냐 여부이다. 즉 어떤 적(균이나 바이러스)으로부터 자기가 침해당했을 때만 그것을 바르게 인식하여 공격하고 자기 스스로에 대해서는 절대로 위해를 가하지 않는 임파구를 선별하는 것이다. 졸업 시험의 최종 심판관은 수상 세포이며 최종 합격된 T세포는 약 3~4%인데 10억 개의 세포가 훈련받아 3,000만

~4,000만 개만이 졸업, 면역 활동을 하고 나머지 임파구는 탈락사 현상을 일으킨다. 이 현상을 아포토시스apotosis 즉 세포 자멸이라고 하며 식물의 낙엽이 떨어져 죽는 것처럼 변하는 현상이다. 이 흉선이라는 사관학교를 졸업하여 선발된 T세포는 혈액을 타고 임파절이나 비장, 편도선 같은 면역 장기로 이동하여 면역 반응의 주역으로 임무 수행을 한다.

흉선 사관학교를 졸업한 T세포는 그 보직에 따라 킬러 T세포, 헬퍼 T세포, 서프레서 T세포 등 세 가지로 나뉘어진다. 킬러 T세포는 글자 그대로 바이러스에 감염된 세포나 비자기 세포를 색출하여 살상하는 면역 세포이다. 그러나 킬러 T세포 자기 마음대로 죽이지는 않는다. 사령관격인 헬퍼 T세포의 동원령이 내려져야 분열 증식하며 소탕작전을 전개한다. 소탕작전이 완료되면 더이상의 과잉 살상이 일어나지 않도록 서프레서 T세포가 제동을 걸어서 면역 반응은 평정을 되찾는다.

그러나 시험에 떨어지고도 감시를 피해 흉선에서 탈출한 T세포도 있는데 이를 자기응답성 T세포라 한다. 이것이 자가면역 반응을 일으켜 자기를 공격 만성 관절 류머티즘, 전신성 홍진 또는 홍반성 낭창(루프스) 등의 질환을 일으킨다.

존 다이어몬드 박사에 의하면 웃을 때 움직이는 광대뼈 밑 협골근이 흉선에 연결되어 자극하므로 자기응답성 T세포도 현저히 줄이고 T세포의 활성도도 높여 면역 체계가 강화된다고 하였다. 신묘막측한 우리 장기 중 흉선이라는 철저한 T세포 훈련학교에서도 우리의 웃음이 훈련에 큰 역할을 담당하고 있다니 놀라울 따름이다. 웃음과 감사로 사관학교를 졸업하고 각종 바이러스 침투에 굳건히 우리 몸을 지켜내는 T세포를 위로고 칭찬하자.

미사일 부대 B임파구

우리의 혈액 속에 존재하는 임파구 중 20~30%는 B세포이며 항체라는 미사일을 만들어 적(세균, 바이러스 등)에게 발사해 우리 몸을 질병으로부터 보호하는 것이 주임무이다.

T세포와 함께 임파구의 2대 강자라고 할 수 있다. 이들은 현미경으로도 구별이 안 되고 또한 뿌리도 같다. 골수에서 생성된 줄기 세포가 골수를 나와 흉선으로 들어가면 T세포로 골수에서 그대로 성숙하면 B세포가 되어 신체 각 부분에서 면역 시스템의 중요한 역할을 한다.

T세포와 B세포는 일견 모양은 똑같지만 역할은 전혀 다르다. T세포는 주로 바이러스 등에게 감염된 세포를 찾아내 제거한다. 이와 달리 B세포는 항체라는 액성 물질을 만들어 이물에 발사, 죽이는 것이 임무이다. 가령 어떤 바이러스가 체내에 들어왔다고 하자. 바이러스는 임파구의 흐름을 타고 B세포가 있는 임파절로 들어간다. B세포의 표면에는 안테나 역할을 하는 항체 분자가 배치되어 있는데 이들과 바이러스가 결

합, 바이러스는 세포 안으로 흡수되고(메크로파지 세포), 메크로파지 세포는 갈기갈기 찢어 산산 조각난 파편으로 만들어 버린다. 헬퍼 T세포(T세포는 기능에 따라 헬퍼 T세포, 킬러 T세포, 서프레서 T세포로 분류됨)는 이 파편을 알아차리고 인터루킨이라는 자극 물질을 B세포에 전달하며 이것이 신호가 되어 B세포는 세포 분열을 하면서 항체가 생성되도록 성질을 변화한다. 이것을 '플라스마plasma 세포(항체생산 세포)'라 한다. 플라스마 세포는 대량의 항체를 합성, 표적인 바이러스에 발사하여 살상한다.

항체는 미사일과 같은 것이고 B세포는 미사일을 제조하여 발사하는 미사일 부대라 할 수 있다. 혈액 속에 4,000만~6,000만 개가 들어 있는 B세포 중 약 70%는 소화관 벽에 배치되어 있다.

음식물의 통로인 소화관은 세균이나 바이러스의 침입이 끊임 없는 아주 위험한 지대로 많은 B세포가 철저히 감시하고 있다. 골수Bone marrow에서 나왔다고 B세포라는 이름이 붙은 이 세포는 줄기 세포가 지라(비장)에서 일부가 정착 B세포로 만들어진다고도 한다. T세포와 B세포는 면역 시스템에서 우수한 군인이다. 몸 속을 순회하다 적이 나타나면 즉시 체포한다. 온몸에 분포하고 있는 림프절은 부대와 같은 곳으로 가벼운 침입자는 림프구가 억제할 수 있지만 게릴라 부대가 침투했을 경우 림프구(T세포와 B세포)가 모여 있는 림프절이 주된 싸움터가 된다.

감기 등 감염증에 걸렸을 때 목이나 겨드랑이 등의 림프절이 붓는 것은 병원군과의 싸움터가 되기 때문에 나타나는 현상이다. 웃음과 감사로 B세포와 T세포에 응원을 보내 격려하고 활성화되게 하자. 웃으면 림프절 부대의 부대원 수도 훨씬 많아지고 각각 세포의 전투력도 매우 향상된다고 한다.

갑상선항진증과 클레오파트라

"클레오파트라의 코가 조금만 낮았다면 세계 역사가 달라졌을 것이다"라고 말한 사람은 17세기를 대표하는 지식인으로 19세에 세계 최초로 계산기를 발명한 파스칼이다.

캐나다의 의사 하트는 헬레니즘 시대의 동전에 그려진 클레오파트라의 초상화를 보고 갑상선을 앓은 환자처럼 부어 있다고 말했다. 이는 갑상선기능항진증이라 하여 갑상선 호르몬의 분비가 너무 많은 병이다. 이를 방치하면 바세도우씨병 등으로 발전되는데 눈알이 튀어 나오는 등 기형을 초래하는 병이다.

갑상선 호르몬은 에너지를 열로 변화시키면서 자율 신경을 조절하는 작용이 있으므로 이 병에 걸리면 체내에서 많은 열이 만들어지고 더위 때문에 많은 땀을 흘리게 된다. 또 신진대사가 활발해지기 때문에 식욕이 증진되지만 아무리 먹어도 뚱뚱해지지 않고 오히려 살이 빠지는 특징이 있다.

다른 이보다 유난히 열이 많아 창문을 열고 시원해야 잠을 잘 수 있거나 유난히 땀을 많이 흘리거나 이유 없이 살이 자꾸 빠지는 현상이 있으면 이 갑상선항진 검사를 받아 보아야 한다(혈액으로 Free T4 수치를 검사하면 됨).

클레오파트라가 갑상선기능항진에 걸린 것이 사실이라면 아무리 먹어도 뚱뚱해지지 않고 아름답고 날씬한 몸매를 계속 유지했던 신비로움 때문에 로마 권력자들이 반했는지도 모른다. 눈알이 튀어나왔다는 역사적 기술이 없는 것으로 보아 바세도우병으로는 가지 않았다고 상상할 수 있다.

호르몬을 분비하는 기관은 내분비선이고 내분비선의 활동을 조절하는 것은 새끼손가락 끝 정도 크기의 뇌하수체이다. 내분비선으로 갑상선, 부갑상선, 흉선, 이자, 부신피질, 난소, 정소 등이 있는데 이 기관들은 각종 호르몬을 분비하고 있다.

내분비선으로부터 분비되는 호르몬은 혈액을 타고 온몸으로 퍼지는데 각각의 호르몬에 반응하는 것은 그 호르몬을 받아들이는 수용체를 가진 세포뿐이다. 즉 호르몬은 내분비 세포에서 특정한 세포에게 지령을 전달하는 물질이다.

호르몬의 이런 작용은 면역이나 신경계에 여러 가지 영향을 미치고 신경계와 면역, 내분비계는 마치 트라이 앵글과 같이 서로 영향을 주어 몸의 항상성(호메오스타시스)를 유지하고 있다.

필자도 갑상선항진증으로 고생을 했는데 호르몬 수치인 Free T4(티록신) 수치가 정상치인 0.80~2.23ng/dl에서 벗어나 4.0이상이었으나 갑상선항진약으로 치료 1년 만에 1.8 정상으로 돌아왔었다. 그러나 작년에 심한 스트레스로 1주간 신경쓰고 측정했더니 3.77로 다시 높아졌다. 이후 한 달간 본격적인 웃음 치료를 행하였더니(약은 먹지 않았음) 1.82로 다시 정상으로 돌아온 경험이 있다. 웃음이 자율 신경에 작용하여 교감 신경과 부교감 신경이 알맞게 균형을 이루어 체내의 내분비 호르몬까지도 알맞게 조절시키는 것으로 판단된다.

즉 웃음은 부교감 신경이 약간 우위로 작용하도록 하여 마음의 평안과 몸의 각 부분에 활력을 창출하며 갑상선항진증도 치료에 도움을 주는 상호작용을 일으켰으리라. 아마 클레오파트라도 많이 웃어서 병세가 더 많이 진행되지 않았던 것으로 믿고 싶다. 그 당시에는 갑상선항진증 치료약이 없었을 테니까(그렇지 않으면 악티움 해전에서 패한 뒤 스트레스로 갑상선항진증이 다시 재발해 고생하다가 다음해 독사가 가슴을 물게 해 자살했거나……).

건강의 적 스트레스

스트레스에 관한 세계적 전문가인 캐나다의 한스 셀리 박사는 다음과 같은 실험을 했다. 즉 쥐가 평화롭게 놀고 있을 때 매일 고양이를 지나다니도록 했는데 며칠 후 쥐를 해부해서 위를 열어 보니 위 속에 피멍이 들었고 위궤양에 걸려 있는 것을 관찰할 수 있었다.

또한 3일 동안 하루 한 번씩 주사기로 찔러 스트레스를 준 후에 쥐의 심장을 열어 보니 심장이 다 망가진 것을 알 수 있었다. 사람도 쥐와 마찬가지로 스트레스를 받으면 건강을 해치게 된다. 현대인들은 각종 스트레스 속에 살고 있다. 극심한 경쟁 사회 속에서 낙오되지 않기 위해 우리는 과도한 스트레스도 참고 견뎌야 하는 것으로 알고 살아 가고 있다.

그래서 현대인들은 화를 잘 낸다. 화를 잘 내는 사람의 입김을 담아 냉각시킨 후 액체로 변한 것을 주사기로 뽑아 쥐에 주사했더니 3분 동안 발작을 일으키다 죽었다고 한다. 부부 싸움을 한 사람의 입김을 모아 액화한 것은 토끼를 10마리 정도 죽게 한다고 한다.

이처럼 화를 내는 것이 얼마나 해로운 것인지는 가히 짐작하기 어렵지 않을 것이다. 화를 내게 되면 홧병이 찾아와서 건강이 크게 악화된다. 이 홧병은 우리나라에만 존재하는 것으로 우리 민족은 화를 유난히 잘 내는 민족이 아닐까? 하는 생각이 든다. 성질이 급하고 화를 잘 내는 사람은 자신의 스트레스를 잘 다스려야 한다.

맹수들은 수명이 짧고 순한 거북은 오래 산다. 성격이 불 같은 사람은 수명이 짧고, 낙천적이며 유순한 이들의 수명이 더 길다. 장수하는 노인들의 장수 비결은 낙천적인 생활 태도이다. 단명하는 사람들은 웃음을 잃은 사람이고 그런 사람은 당연히 성격이 공격적이고, 비판적이고, 항상 불만이 있고, 비협조적이며, 신경질을 잘 내는 사람들이라고 한다.

화를 낼 때 몸에 해로운 여러 가지 호르몬이 분비되는데 코르티솔, 아드레날린, 노르아드레날린 같은 스트레스 호르몬이 과다하게 분비 되어 심장이 불규칙하게 뛰고, 혈압이 올라가며, 혈액순환이 잘 되지 않을 뿐 아니라 몸의 저항력이 급속히 떨어진다. 또 뇌에서 전신을 컨트롤 하는 시스템이 불규칙하게 되어 몸에 마비 현상이 나타나기도 하며, 뇌혈관이 터져 뇌졸중이 올 수도 있고, 뇌혈관이 막혀 뇌경색이 올 수도 있다.

화를 다스리는 일도 중요하지만 화가 나지 않도록 하는 것은 더욱 중요하다. 그래서 다른 사람에게 상처도 주지 말고 받지도 말아야 한다. 그러기 위해서는 웃는 얼굴과 밝은 표정으로 사람을 대하는 것이 필요하다. "웃는 낯에 침 뱉으랴" 하는 속담도 있듯이 항상 밝은 미소로 산다면 스트레스나 화도 줄어들고 따라서 병원에 환자도 줄 것이고 병원 수도 줄어들 것이다. 밝은 세상이 될 것이다. 웃자! 웃자! 웃자!

웃음은 스트레스 킬러이다.

13

스트레스 킬러

과거에 인류의 생명을 위협하고 치명적인 사망률을 나타냈던 것은 전염병이었다. 그중 페스트, 천연두, 황열, 콜레라는 수천만 명의 생명을 앗아간 무서운 전염병이었다. 그러나 오늘날 이것들은 더 이상 위협적인 질병으로 공포의 대상이 되지는 못한다.

항생제, 백신, 예방관리 등 이것들에 대처하는 방법을 알고 있기 때문이다. 그러나 현대 사회에는 새로운 질병이 우리를 위협한다. 암, 고혈압 합병증, 당뇨 합병증, 우울증 등 현대병이라고 부르는, 우리가 잘 알고 있는 질병들이다.

이들 질병의 특징은 외부에서 전염되는 것이 아니라 본인 스스로 일으키는 질병이라는 것이다. 그리고 이들의 90% 이상은 스트레스 때문에 생긴다. 산업화가 고도로 발달하면서 계층이 분화되고 생존 경쟁이 치열해지면서 스트레스는 이제 현대인이 피할 수 없는 숙명처럼 여겨지게 되었다. 그리고 스트레스를 덜 받고 피하는 것이 현대인의 숙제가 되었다.

그렇다 스트레스는 해결해야 될 현대인의 가혹한 현실적 문제이다. 그런데 같은 상황이라도 모든 이에게 똑같이 스트레스로 작용하지는 않는다. 어떤 사람에게는 사람들과의 만남이 아무렇지도 않게 여겨지고 어떤 이는 즐기기까지 하지만 어떤 이들은 사람들과의 만남이 곧 공포의 시작일 수도 있다.

어떤 이들에겐 독서가 즐겁고 유쾌한 일이지만 이것이 스트레스의 원인이 되는 이들도 있다. 어떤 이들에게는 달리기나, 수영, 등산, 골프, 야구, 축구 같은 운동이 스트레스를 푸는 일이 되지만 어떤 이들에게는 이것들이 새로운 스트레스로 다가올 수 있다. 필자도 강연을 할 때 대부분은 즐겁고 기분 좋은 강의를 하지만 어떤 때는 그 강연 자체의 부족했던 부분을 스스로 자성하며 스트레스로 다가올 때가 몇 번 있었다.

실제로 대부분의 사람들은 "스트레스를 조금만 덜 받아도 내 삶이 훨씬 나아질 텐데……"라는 생각을 한다.

그런데 여기서 중요한 사실 한 가지가 있다. 즉 스트레스는 우리에게 일어나는 것이 아니라 단지 우리 생각 속에서 생겨난다는 사실이다. 흔히 우리는 생각을 자기 자신과 일치시켜 내 생각 속에서 일어나는 스트레스를 내 자신이 스트레스를 받는 것으로 혼동하고 있다.

그러나 스트레스가 나의 생각 속에서 생겨난다는 것을 이해하고 그 생각을 흘려 보낼 수 있다면 우리는 우리가 처한 어떠한 환경과도 상관없이 스트레스를 없앨 수 있다.

위에서 살펴보았듯이 사람과의 만남, 독서, 운동 같은 것이 어떤 사람에게는 스트레스로 어떤 사람에게는 스트레스를 없애는 일로 다가온다. 그래서 일이나 사건 자체가 스트레스를 유발하지는 않는다는 것이다.

그것에 대한 왜곡된 생각이 스트레스를 부르는 것이다. 이것을 정확히 깨닫기만 하면 많은 스트레스에서 해방될 수 있다.

우리의 생각 속에 스트레스가 들어올 수 없도록 원천적으로 봉쇄하거나 그 생각을 빨리 흘려 보내면 된다. 스트레스는 어떤 대상에 대해 너무 심각하게 생각할 때 또 그 문제의 심각성을 부풀려 생각할 때 생기는 것임을 확실하게 인지하는 것이 중요하다. 문제는 생각이다.

이것을 알고 잘 대처하면 전에는 스트레스로 다가온 환경이 이제는 즐거운 일로 다가올 수 있다. 생각에 대한 변화가 일어나면 말이다. 이것을 인지하고 생각을 변화시키거나 흘려 보내기에 가장 좋은 방법이 웃는 일이다. 우리 뇌는 진짜 웃음과 억지 웃음을 구별하지 못한다.

얼굴의 40여개 근육을 움직여 웃게 되면 뇌는 웃는 것으로 간주하여 웃음에 관한 신경회로들이 작동하고 실제 웃음에서의 효과와 꼭 같은 반응을 일으키게 된다. 그래서 생각을 흘려 보내고 생각을 작게 만들고 웃는 동안 생각을 사라지게 한다. 앞으로 고도화되는 문명사회 속에서 우리가 살 길은 스트레스로부터의 해방이다. 이것은 웃음으로 해결할 수 있다.

"웃음은 스트레스 킬러이다."

스트레스 킬러로 웃음보다 더 강력한 무기는 없다. 웃음은 빛이기 때문에 어두움에 속한 스트레스는 웃음이 들어가면 자연히 사라진다. 웃음은 현대를 살아가는 모두에게 생존을 위한 가장 필요한 처방약이다.

웃자! 하하하하하하하하하~

웃음과 21세기 의학

　송년 웃음 페스티벌은 즐거운 마음을 샘솟게 해주고 새로운 도전을 받게 한다. 금년에도 웃음이 얼마나 많은 이들의 삶을 변화시켰는지 진한 감동으로 하루를 보냈다.

　그중 어느 여자 분은 저녁 늦게 차를 타고 집에 들어오는데 이상하게 자기 집을 보고 싶더란다. 그래서 아파트 15층을 쳐다봤더니 담뱃불이 보이는데 남편 같더란다.

　그래서 차를 세우고 손을 마구 흔들며 웃어 주었더니 남편도 담뱃불 든 손으로 손을 흔들었단다. 몇 달 후 그녀는 알게 되었다.

　남편은 그날 그 시간에 아이들 재우고, 유서를 써 놓고, 베란다에 나와 마지막 담배 한 대를 피우고 떨어져 자살하려고 하였다는 것을……

　그런데 아내가 너무 밝게 웃으며 손을 흔들길래 "저런 사람을 두고 어떻게 혼자가나" 하는 마음이 생겨 그 날의 계획을 접었다고 한다.

　1년이 지난 지금도 아직도 빚더미에서 헤어나오지는 못했지만 지금은 웃음이 있어 행복하단다.

어떤 이는 매출이 없어도 웃고, 분노가 치밀어도 '권총 웃음'으로 웃고, 계속 웃어 지금은 매출 1위 부서로 만들어 놓았단다.

또 어떤 이는 두 번의 자살 시도에 실패한 후 웃음을 배워 지금은 너무 행복하단다.

그래서 웃음을 전하는 전도자가 되었다고 했다. 웃음은 기적을 일으킨다. 웃음은 사람의 행복뿐 아니라 건강에도 직접적인 기적을 나타낸다.

특히 현대병이라고 할 수 있는 암, 고혈압 합병증, 당뇨 합병증, 우울증, 아토피 등 자가면역질병 등에 아주 탁월한 효과를 발휘한다. 스트레스성 질병에는 웃음 자체가 스트레스 호르몬을 중화시키고 스트레스 호르몬 생산을 부쩍 떨어뜨린다. 그중 코르티솔이라는 스트레스 물질은 분해되어 소변으로 배설하게 된다.

암 세포만을 골라 파괴시키는 NK세포는 웃을 때 85%나 활성도가 증가하고, 최대 6~7배나 많이 숫자도 증가한다고 한다.

웃을 때 우리 뇌 속의 베타 엔도르핀이 분비되어 NK세포를 대량 증식하여 활성화시키는 것이다. 웃음은 아토피도 놀랄 만큼 개선시킨다. 웃으면 아토피성 피부염 환자의 90%가 치유되고 웃지 않는 환자는 10%밖에 치유되지 않는다. 류머티즘에도 확실한 치료 효과가 있고, 당뇨병 환자 혈당치 상승도 40%나 억제시킨다고 한다.

웃음은 인슐린 같은 혈당 강하제보다 안전하고 더욱더 효과적이다. 뿐만 아니라 심호흡보다 더 많은 양의 산소를 받아들여 복근 등의 근육통 완화 효과까지 있다.

그리고 순식간에 혈압이나 맥박도 정상화시킨다. 학습 능력에도 매우 좋은 효과가 있어 기억력을 20%나 증가시키고 집중력을 향상시킨다.

생산성에도 효과가 커서 최대 300%까지 향상시킨다는 일본의 보고도 있고, 창조성 향상에 매우 좋은 것으로 나타나 있다.

특히 웃음은 유전자도 바꾸어 웃음에 의해 23개의 유전자에 스위치가 켜지는 현상을 일본의 무라카미 가즈오 교수가 입증하였다.

뇌 속에 산소 공급을 2배나 높여 치매 예방을 위한 최고의 치료제로 웃음은 그 효능을 나타낸다.

우울증 환자에게도 최소 기간에 치료 효과를 나타내며, 다이어트뿐 아니라 건강 미인을 만들고, 운동의 배가 효과를 나타내기도 한다. 요가 동작 중, 힘이 드는 동작을 할 때 웃고 하면 훨씬 수월하게 할 수 있으며, 모든 운동에 있어서 15% 정도의 power를 높여 준다고 한다.

웃음이야말로 신이 인류에게 선사한 최고의 치유 능력이며, 그 심오한 힘 앞에 어떤 의약품도 범접하지 못한다.

뱃속 깊은 곳에서 우러나오는 웃음은 우리 생명에 기적을 일으킨다. 이 웃음 치료가 바로 21세기에 의학의 중심으로 자리잡게 될 날이 올 것이다. 웃어서 건강하게 장수하자. 그리고 웃음의 바이러스를 온 세상에 퍼트리자.

우하하하하하하하하하하하……..

15

플라시보 효과

한 젊은이가 병원에 찾아와 심한 두통과 복통을 호소하였다. 의사는 여러 가지 질문과 검사를 통해 이 젊은이가 아직 건강상의 아무런 이상이 없지만 회사 내에서 업무실적 부진으로 인한 상사의 질타와 후배사원들이 자신의 자리를 노리고 있다는 강박관념에 심한 스트레스를 받고 있다는 사실을 알았다.

환자의 고통이 신경과민에 의한 증상이지만 의사는 심인성 증상이라고 말하지 않았다. 대신 처방전을 주며 이 약을 먹으면 아주 잘 들을 것이고 반드시 나을 것이라고 말한 다음 천천히 시간을 들여 회사 문제의 해결법에 대해 의논 상대가 되어 믿음을 심어 주었다.

1주일 후 젊은이는 의사에게 전화를 걸어 두통이 사라지고 복통도 가벼워졌으며 회사 일도 잘 풀려 간다고 했다. 그리고 이 약을 얼마나 더 먹어야 되는지 물었다. 의사는 약을 더 먹을 필요가 없다고 했고 다시 증세가 나타나면 내원하라고 했다. 이 의사가 처방한 약은 아무 약 효과가 없는 위약(가짜 약)이었다. 젊은이는 약리학 특성이 없는 약을 먹고 마치 약리학 특성을 가진 약과 같은 효과를 나타냈다.

이것은 의사가 충분히 자신을 이해해 준다는 믿음이 있었고, 젊은이의 몸 속에 있는 자기 조절력이라는 방아쇠를 이 위약이 당겨 주었기 때문이다. 이를 플라시보 효과라고 한다. 이는 의사가 충분히 자신을 이해해 준다는 환자의 믿음이 있었기에 가능한 일이었다.

의사의 도움을 구하는 환자의 약 90퍼센트 정도는 환자 자신이 자가 치유력의 범위 내에 있는 스스로 나을 수 있는 병(자기 한정성 병)인 데도 '자신의 힘으로 나을 수 없다고 생각한다' 라는 연구조사 자료가 있다. 그래서 정말 뛰어난 의사는 특별히 거창한 치료를 하지 않고도 자신의 힘으로 완쾌할 수 있는 환자와 그렇지 않은 환자를 잘 구별할 수 있는 의사이어야 한다. 우리에게 최고의 약국은 인체 그 자체이며 그 인체의 기록이 가장 효과적인 처방전이기 때문이다.

플라시보라는 단어의 어원은 라틴어 동사 "나는 기뻐할 것이다"에서 나왔으며 고전적 의미는 "명확한 진단을 거쳐 그 증상에 필요하지는 않지만 환자의 마음을 편하게 해주는 가짜 약"이다.

최근에는 신약 개발 과정에서 실험 대상을 비교하기 위해 플라시보가 더 많이 쓰이고 있다. 보통 시험하려는 약의 효과를 플라시보 즉 가짜 약을 투여한 대조군의 효과와 비교해서 측정한다.

이 세상에 부작용이 없는 약은 존재하지 않는다. 특히 어떤 증상에 특효약이라고 불리는 묘약일수록 그 부작용은 더 크다고 할 수 있다. 그 부작용은 신체내부 혈관의 혈류 평형 현상을 깨거나 혈액응고 속도에 영향을 끼친다. 또 혈액 속의 산소 농도를 낮추기도 하고, 위에서 염산 분비를 촉진시켜 소화기 장애를 일으키게도 한다. 심장의 혈류 속도를 일정치 않게도 하며, 조혈기능을 방해하고, 혈압을 오르내리게도 한다.

약이 강력하면 더 좋은 약이라고 판단하는 경우가 많은데, 강력한 신약에는 더 큰 위험이 늘 따라다닌다. 그래서 절대절명의 필요한 경우에는 강력한 약을 써야 하지만, 그렇지 않은 경우에는 1차 약이나 플라시보로 고치도록 노력해야 한다.

하버드대학의 유명한 마취학자 헨리비처 박사는 총 1,082명의 환자를 대상으로 한 연구 결과를 검토하였다.

수술 후 심한 통증, 멀미, 두통, 기침, 정신적 불안 등의 광범위한 증상에 보통의 약이 아닌 플라시보가 사용되었는데 무려 35퍼센트의 환자가 처음부터 끝까지 만족할 만한 경감 효과를 보았다고 한다. 긍정과 믿음의 마음으로도 탁월한 효과를 볼 수 있다는 것이다.

믿음으로 치유되는 기적의 역사는 상상할 수 없이 많은 이들에게 나타났다. 약이 만능은 아니다. 더 중요한 것이 긍정의 힘과 믿음의 힘이다. 늘 웃으며 이 병이 치유되리라고 믿는 사람에게는 치유의 능력이 나타난다. 암과의 싸움에서 이긴 사람들의 이야기를 들어 보면 모두 긍정과 믿음의 사람들이었다.

역사적으로 볼 때 약보다 플라시보로 질병을 고친 이들이 훨씬 더 많을 것이다. 그래서 실제로 많은 의학자들이 의학의 역사는 플라시보 효과의 역사라고까지 말한다.

긍정과 믿음이 있을 때 우리는 마음껏 웃을 수 있다. 또 웃으면 긍정과 믿음이 생긴다.

웃자, 웃자, 웃자!!!

우울증 전성 시대

    2006년도에 건강보험으로 우울증 치료를 받은 국민이 100만 명이 넘었다고 한다. 2007년 8월에 조사한 우리나라의 우울증 환자는 전 국민의 10%인 400만 정도라는 통계도 있다. 우울증으로 시달리는 사람 중 보험으로 치료받지 않고 자비로 치료를 받았거나 치료하지 않고 있는 사람이 300만 명 이상된다는 통계이다. 그리고 한두 번이라도 우울증 증세가 있었던 사람은 전 국민의 50%정도라고 한다. 즉 우리나라 두 사람 중 하나는 우울증이나 공포증 같은 심리적 장애를 겪었다는 이야기이다.

    매년 13,000명 정도 자살자가 발생해서 평균 40분에 1명씩 자살을 한다고 한다. 특히 유명 연예인의 자살이 잇달아 베르테르 효과까지 일으키고 있는 현실이다.

    오늘날 젊은이들이 우울증에 시달릴 확률은 10년 전에 비해 3배나 높은 상황이며, 우울증의 빈도는 급격하게 높아지고, 발생하는 연령도 점점 더 낮아지고 있다.

현재는 암, 고혈압 합병증, 당뇨 합병증에 이어 사망 순위 제4위를 기록하고 있지만 이대로 가면 10년 후엔 암에 이어 사망 순위 제2위로 올라설 전망이다. 그리고 20년 후면 어떤 육체적, 정신적 질병보다 더 많은 피해를 가져와 21세기의 흑사병(페스트)이 될지도 모른다.

정부로서 특단의 대책이 시급한 현실이다. 즉 우울증에 대항하는 훈련 프로그램이 많이 개발되고 전 국민을 대상으로 이 훈련을 시켜야 한다.

행복의 문화를 시급히 보급하지 않으면 우울증이라는 역병이 온 대한민국에 창궐하리라는 위기감이 든다.

1990년대 이전에 심리학의 사조는 부정적인 것에 그 초점을 맞추어 왔다. 그러나 그 후 펜실베이니아대학의 마틴 셀리그만 교수를 시발점으로 많은 이들이 긍정의 심리학을 연구하는 방향으로 대전환이 이루어지고 있다. 그래서 행복에 대해 깊은 통찰과 연구로 우울증에 대항하고 긍정적인 생각과 느낌을 통해 상실감에 맞서 나갈 수 있게 한다.

자신의 우울한 기분을 적당히 조절하는 방법을 배우고 기쁨을 강화시키는 방법을 습득한 사람은 자신의 정신과 육체를 잘 돌보게 된다. 또 영상 과학과 촬영 기술이 발달해서 생각하고, 느끼며, 우리 감정 상태에 따라 뇌가 어떤 상태에 있는지 관찰하는 것도 가능하게 되었다.

예를 들어 우리가 사랑하는 사람을 생각할 때 머릿속에서 어떻게 기쁨이 생겨나는지를 볼 수 있게 되었다는 것이다. 분자생물학은 뇌속 1,000억 개의 세포가 어떻게 변화되는지를 실시간으로 보여 줄 수 있게 되었다. 그래서 우리는 행복에 대해서 더 많은 부분을 알아가게 되었다. 신경의학과 긍정의 심리학의 발전으로 우울증이라는 역병을 속히 잠재우기를 기대해 본다.

그러나 인간 본성에서부터 우울증 치유 프로그램이 있다는 사실을 우리는 간과해서는 안 된다. 그것은 웃음의 기쁨이다.

웃으면 곧바로 생산되는 베타 엔도르핀으로 우리의 감정과 기분은 바뀌게 된다. 긍정적으로 바뀌게 되는 것이다.

그래서 행복에의 추구를 가능케 하는 원초적 조건을 마련하게 된다. 이미 3,500년 전부터 인류는 이 웃음약을 사용해 왔다.

2,500년 전 의성 히포크라테스도 긍정적 마음을 더 중요시 했다. 의학적으로 또 심리적으로 웃음의 효능이 증명되기 시작한 것은 채 30년 밖에 되지 않는다. 비록 짧은 기간이지만 웃음의 효과는 놀라운 성과를 이룰 수 있게 되었다.

우리 삶에 웃음을 도입하고 생활화하면 웬만한 우울증은 모두 사라질 것이다. 대한민국 우울증 환자는 반에 반으로 줄어들 것이다. 자살률도 기록적으로 떨어질 것이다.

대한민국을 웃게 해야 한다. 웃자! 웃자! 대한민국이여, 웃자!

정부는 예산을 투입해서 웃음 천국 대한민국으로 만들어야 한다. 또 민간 차원에서 국민 웃기 운동을 전개하여 웃음의 생활화를 유도해야 한다.

17

에너지 의학

밤하늘의 달과 별을 보면 종종 신비한 상상의 세계로 빠지곤 한다. 은하계에는 우리가 살고 있는 태양계가 약 천억 개가 있고 우주 속에는 은하계가 또 천억 개 정도 있다고 한다.

한마디로 이야기하면 인간으로서는 우주를 도저히 알 수도 상상할 수도 없다는 이야기이다. 그러나 우주의 한 가지 법칙만은 우리가 알 수 있다. 그것은 모든 우주는 에너지이며 이 에너지에 의해 우주의 질서가 유지된다. 즉 태양의 주위를 지구를 포함한 행성들이 돌고, 지구 주위를 달이 돌고 있고, 태양계는 은하계의 어느 부위를 계속 전진해 가고 있는 것이 모두 에너지에 의한 것이다. 결국 우주는 에너지이고 우주 속의 에너지universal enthropy는 변하지 않는다는 것이다.

이 지구 속에 살고 있는 모든 동식물이나 광물들도 이 에너지의 법칙에서 예외일 수 없다.

가령 우리 사람도 모든 육체는 세포라는 기본 단위로 구성되어 있다.

그 수는 무려 1kg당 1조 개의 세포로 구성되어 있다. 그래서 체중이 50kg인 사람은 약 50조 개의 세포가 있고 체중이 70kg인 사람은 약 70조 개의 세포로 구성되어 있다. 그래서 사람들은 평균 약 60조 개의 세포로 구성되어 있다고 한다.

그런데 살아 움직이는 이 세포의 기본 단위는 유기적 분자이고 이 분자를 구성하고 있는 것은 원자들이고 이 원자들은 또 원자핵과 전자로 또 이들은 소립자로…….

가장 기본적인 구성원은 결국은 에너지로 귀결된다. 동양 의학에서 이야기하는 기氣는 바로 이 에너지를 이야기하는 것이리라. 에너지 의학이라는 것도 있다. 즉 우리 육체의 가장 기본이 되는 이 에너지를 활성화시키고 그 양을 늘려서 병을 치료하고자 하는 것이다.

동양 대체의학의 기 치료와는 접근이 다르지만 원리 면에서는 유사하다고 본다. 이 에너지를 가장 활성화시키는 방법은 사랑과 감사와 기쁨과 평화의 주파수를 보내는 일이라 한다.

케이시 굿맨이라는 여자는 유방암 진단을 받았다. 그녀는 방사선, 항암, 외과적 수술요법을 모두 거부하고 매일매일 "고쳐 주셔서 고맙습니다"라는 말과 웃기를 계속해서 반복하였다.

그녀는 노만 커즌스가 웃음으로 불치병(강직성 척추염)을 고친 실례를 자신에게 도입하기로 단단히 결심하고 웃고, 또 웃고, 또 계속해서 웃으며 계속해서 "고쳐 주셔서 고맙습니다"를 읊었다. 그런데 3개월 만에 유방암은 완치되었다. 에너지 의학에서 감사가 치유에 미치는 힘, 믿음이 성취에 미치는 힘, 웃음과 기쁨이 질병을 녹여 없애는 힘 이 세 가지 강력한 힘이 케이시 굿맨에게 작용하였기 때문이다.

그래서 케이시 굿맨 몸 속에 선천적으로 존재해 있는 "자가 치유 프로그램"이 강력한 힘을 발휘한 것이다.

우리 몸에는 하루 3,000~5,000개의 암 세포가 생긴다고 한다. 그러나 우리 몸 속 2차 면역 시스템에 자연살해(NK) 세포가 약 50억 개가 있어 모두 파괴시키기 때문에 우리는 암에 걸리지 않는다.

그러나 심한 스트레스의 지속이 이 자연살해 세포의 활성도를 낮추어 암에 걸려 10년 후 초기 암으로 발견되게 된다.

일본에서 실험한 결과에 의하면 우리가 폭소로 많이 웃을 때 이 NK세포의 활성도가 85%만큼이나 증가하였고 NK세포 수도 6~7배가 증가하였다고 한다. 에너지가 활성화되었기 때문이다. 그래서 암을 웃음으로 고치는 예가 많이 보고 되고 있다.

믿음, 웃음, 감사, 사랑, 평화 등의 긍정적인 강력한 힘이 우리의 에너지를 활성화시키고 이것은 좋은 세포를 활성화시켜 자가치유 프로그램을 강력하게 작동시키는 것이다.

일본의 유명한 환경 운동가 후나세 순스케는 많은 암 환자들이 항암제, 방사선 등에 살해당하고 있다고까지 하였다.

이제는 에너지 의학으로 자가치유 프로그램을 강력히 도입해서 많은 이들이 그 효능을 실증해 보일 때가 되었다.

기쁨과 사랑과 감사가 넘치는 사람에게서는 질병이 자라나지 못한다. 또 어떤 질병도 고칠 수 있다. 우리 몸을 구성하고 있는 최초의 단위 그 에너지에 활력이 넘치게 하자.

고쳐 주셔서 고맙습니다. 우하하…… 건강 주셔서 고맙습니다.

암 학교와 웃음 치료

 중국 상하이에 가면 "상하이 암 학교"라는 재미있는 이름의 암 치료시설이 있다. 전국에서 찾아온 상태가 심각한 암 환자들이 마지막 희망을 품고 입원하는 곳이다. 이 시설에는 "일단 웃자"라는 독특한 규칙이 있다. 모두 함께 노래를 부르거나 춤을 추며 즐겁고 행복하게 생활하기와 서로에게 용기와 희망을 북돋우는 일을 가장 중요시 한다. 웃음과 폭소 환성이 가득한 별난 암 치료 시설이다.
 물론 약물요법, 방사선요법, 외과수술요법 등은 전혀 하지 않고 식이요법을 실시하지만 가장 중요시 하는 것은 밝게 생활하는 자세이다. 또 치료에 기공을 도입해서 호흡법 등을 익힌다. 웃는 얼굴로 서로를 대하는 사이 깊은 동료 의식이 싹터 환자들은 더 이상 고독을 느끼지 않는다.
 이런 우정이 긍정적으로 생활하려는 마음을 뒷받침 해준다. 자연 속에서 마음껏 웃고 이렇게 해서 암을 이겨내고 5년 동안 건강하게 살아 남은 사람들에겐 모두가 지켜보는 앞에서 기념 배지를 증정하고 서로 축복해준다. 놀랍게도 이 학교의 5년 생존율은 51%에 달한다.

다른 의료기관의 생존율에 비하면 경이적인 수치라며 중국 당국의 담당자도 놀라움을 금치 못한다.

웃음이 가장 많이 보급된 나라는 인도이다. 6,000여 개가 넘는 웃음 클럽이 있고 500년이 넘게 내려온 요가의 방법 중에 "웃음 요가"가 있다. 이 웃음 수행은 "하, 하, 하"라고 뱃속 깊은 곳으로부터 웃기만 하면 된다. 처음에는 그냥 소리만 내지만 점차 기분이 좋아지고 그 웃음에 아무 생각 없이 빠져들게 된다.

웃음 클럽에서는 "하하 호호호"를 연발하며 손뼉을 치고 웃으며 요가의 동작을 한 가지씩 되풀이 하며 웃는다. 아무 이유 없이 웃음을 시작하지만 웃음은 분명 기분을 좋게 만들고 사람들의 기운을 돋우는데 뚜렷한 효과가 있다.

웃음 클럽은 많은 직장마다 생산성을 높이고 창의력을 높이는 데 일조하고 있다.

일본에서는 웃음학회가 조직되어 있다. 이 곳에는 의사, 과학자, 간호사, 약사, 코미디언, 일반 회사원 등 다양한 사람들로 구성되어 있으며 웃음의 효능을 밝혀내는 데 많은 실험과 효과를 증명하고 있다.

이 중에서 유전공학의 세계적 권위자인 무라가미 가즈오라는 쓰구바대학 명예교수는 웃음이 유전자 스위치를 ON시키고 OFF시키는 이론을 발표하고 웃음으로 혈당치 상승이 40%나 줄어드는 실험을 하여 학회에 발표함으로써 전 세계 학계의 놀라운 반응을 일으키기도 하였다.

오오사카 생활문화부에서는 정식으로 "웃음 전문 간호사" 양성을 시작하였다. 첫해 300만 엔 예산을 편성해서 간호사가 웃음으로 환자나 가족과 나누는 커뮤니케이션 프로그램을 만들고 단계적으로 네덜란드처럼 웃음 전문 간호사, 웃음 치료사를 양성하겠다는 것이다.

네덜란드에는 이미 "클리닉 크라운clinic clown"이라는 병원 전속 웃음 치료사가 있다고 한다.

이 클리닉 크라운 재단은 국민의 기부금으로 운영된다. 이 웃음 치료로 반년 이상 실어증으로 말을 하지 못했던 어린이가 헤어질 때 "고마워"라고 인사하며 말문을 열었다고 한다.

이제 웃음 치료는 그 효능이 많은 부분에서 입증되고 있다. 이제 불과 30년 남짓한 역사지만 멀지 않은 시일 내에 정식 의료로 자리 잡을 날이 오리라고 확신한다.

웃음은 만병통치약이다.

우하하하하하하하하하하하하하하하하하!!

1등 항암제

현대병 중에 제일 많이 걸리고 사망률 1위는 물론 암이다.

癌암이라는 한자어에서 보듯 옛날 사람들은 세 배의 입으로 산같이 먹어 걸리는 병이라고 진단했다. 이를 현대적으로 해석하면 생활습관에 의해 걸리는 질병이라고 할 수 있다. 생활습관이라함은 식생활, 감정의 생활뿐 아니라 모든 환경적인 것까지도 포함한다.

그래서 일본의 아보 도오루 교수는 암을 낫게 하는데 필요한 세 가지를 강력히 추천했다.

첫째, 웃는 것.

둘째, 식사를 개선하는 것.

셋째, 몸을 따뜻하게 하는 것.

일본의 환경문제 평론가인 후나세 슌스케는 그의 저서 『항암제로 살해당하다』를 집필하기 위해 일본 암 의료의 최고 책임 정부 부서인 후생노동성의 암 담당 기술관을 취재했다.

그는 "항암제가 암을 고치지 못하는 것은 상식"이라며 "항암제는 맹독으로 많은 암 환자를 죽게 한다"고 했다. 즉 암 환자는 암이라는 질병보다 항암제에 의해 독살 당하고 있다고 주장하고 있다. 그는 "항암제는 가장 강력한 발암물질"이라고까지 단언했다.

항암제는 조혈기능을 파괴시킨다. 그래서 우리 몸에서 암과 싸우는 면역 세포 NK세포Natural Killer cell도 섬멸해 버린다. 즉 항암제는 암과 싸우는 아군 병사들을 모두 죽여 버리고 결과적으로 암을 응원하는 증암제增癌劑였던 것이다.

후나세 순스케는 의사 271명에게 "당신이 암에 걸린다면 항암제를 쓰겠는가?"라고 물었더니 270명이 단호하게 No!라고 대답했다. 양심적인 몇 사람의 의사들은 "항암제로 암을 완전히 치료한 임상 사례는 제로"라고 단언했다.

오카야마岡山대학 의학부 부속병원에서 연간 사망하는 암 환자의 진료 카드를 정밀 조사했더니 80%는 암으로 죽지 않았다. 암 치료 중의 중대 부작용으로 사망한 것이다.

암 치료의 3대 요법이라고 하는 방사선 치료, 화학(항암제) 치료, 외과적 수술로 인해 학살당하고 있는 일본의 암 환자는 암 사망자 32만 명 중 80%에 해당하는 25만 명이라는 것이다.

우리 몸에는 하루 약 5,000개의 암 세포가 발생하고 있다. 그래서 우리는 모두 암 세포를 보유한 암 환자이다. 그러나 이 암 세포를 파괴하는 NK세포가 약 50억 개 있어 암 세포를 모두 파괴시킨다.

이타미 지로라는 의사는 암 환자의 NK세포 변화에 대해 흥미로운 실험을 했다. 즉 암 환자 198명을 요시모토 흥업(일본 최대의 코미디 프로덕

션)의 코미디를 보여 주고 폭소를 마음껏 터트리게 한 후 NK세포 변화를 조사했다. 그 결과는 웃음으로 NK세포 활성도가 85%증가했고 NK세포 수도 6~7배 증가했다. 예상치 못했던 웃음의 놀라운 효과였다.

이런 이유는 웃으면 뇌에서 베타 엔도르핀이 대량 분비되고 이것이 NK세포를 대량 증식시키고 활성화시키는 것이다.

"웃음은 NK세포의 영양원"이며 "웃음이 암을 치료하는 특효약"이다.

이 웃음이 면역 세포를 활성화시키는 것은 영국 BBC에서 "행복"이라는 프로그램을 실시할 때 조사한 결과와도 일치하며 최소 30%에서 최대 120%까지 활성화되는 것으로 보고 되었다.

김영삼 대통령 주치의를 지냈으며 서울대병원 부원장을 지낸 고창순 박사는 젊을 때부터 대장암, 십이지장암, 간암 등으로 평생을 암과 함께 지내온 분이다. 그의 저서 『암에게 기죽지 말라』에서 일평생 암으로부터 자신을 지켜 준 "1등 항암제"는 바로 웃음이었다며 평생 죽기 살기로 웃었다고 술회하였다.

웃음은 암을 치료한다. 웃음은 암을 예방한다.

매일 10분 이상씩 크게 박장대소로 웃을 때 암은 멀리 달아난다.

웃어서 암을 정복하자!

우하하하하하하하하하하하!…….

웃음과 유전자

　부부간에 흔히 하는 말 중에 자식이 성적이 나쁘면 당신 닮아서 그렇다고 이야기하고, 좋은 일들은 나를 닮아 그렇다고 서로 주장하는 것을 많이 본다. 닮는다는 것은 누구나 아버지의 유전자와 어머니의 유전자를 반반씩 물려받아 태어나기 때문이다. 그래서 유전자는 자손에게 정보를 전달하는 기능이 있다.

　최근 연구에 의하면 유전자에 의한 유전 정보가 운명처럼 변할 수 없는 고정된 것은 아니라고 한다. 유전자 자체는 일생 동안 변하지 않지만 그 기능은 시시각각으로 변한다고 한다.

　정보전달 기능과 더불어 유전자의 또 하나 중요한 기능은 우리가 사는 데 꼭 필요한 단백질이나 효소, 호르몬 등을 만든다. 우리가 돼지고기 삼겹살을 먹어도 돼지가 되지 않고 소 등심을 먹어도 소가 되지 않는 것은 그 고기들의 단백질이 우리 몸 속에서 소화라는 과정을 통하여 아미노산이란 물질로 분해되고, 이 분해된 물질이 돼지나 소가 아닌 인간의 단백질 유전자 암호에 따라서 인간 단백질로 재조직되기 때문이다.

이러한 기능들을 담당하며 잠시도 쉬지 않고 평생 동안 유전자는 일하고 있다.

그런데 많은 유전자들이 잠을 자고 있다고 한다.

활동하는 유전자를 '유전자 스위치 온ON' 이라고 하며, 잠자는 유전자를 '유전자 스위치 오프OFF' 라고 할 때 유전자는 100% 한쪽으로 굳어져 있는 것이 아니라 30%가 온이면 70%가 오프되어 강약의 상태로, 유동적으로 활동하고 있다는 것이다. 그래서 좋은 유전자의 스위치를 ON으로 활동하게 하고, 나쁜 유전자를 오프로 할 수 있다면 우리의 발전 가능성은 몇 배로 증가할지 모른다고 한다.

우리가 병에 걸렸다고 할 때 이것은 우리의 유전자 활동이 중심을 잃어 병을 유발하는 유전자 스위치가 온으로 켜졌기 때문이다. 이 유전자의 활동은 스트레스에 많은 영향을 받는 것으로 밝혀졌다.

스트레스는 두 가지가 있는데 좋은 스트레스(선의 스트레스, 유스트레스)와 나쁜 스트레스(디스트레스)로 구별할 수 있다. 우리가 흔히 스트레스라고 하면 나쁜 스트레스(디스트레스)를 의미하는 것으로 일반화되어 있다.

필자가 스트레스를 받으면 갑상선항진증이라는 질병으로 갑상선 자극 호르몬TSH은 현저히 감소되고, 갑상선 호르몬(T4)은 급속히 증가하여 몸의 균형이 깨지며, 더워서 잠을 못자고 쉬 피로하며, 체중이 갑자기 줄어드는데 이 스트레스는 '나쁜 스트레스' 이다.

또 당뇨병에도 스트레스를 받으면 혈당치가 올라간다고 하는데 이것도 나쁜 스트레스를 말한다. 그래서 스트레스하면 나쁜 스트레스만 생각하는데 스트레스가 전부 나쁜 것만은 아니다.

일시적 긴장으로 스트레스를 받지만 곧 성취감을 느끼며 생의 자극제가 되는 것에는 좋은 스트레스도 많다.

그리고 좋은 마음 가짐이나 웃음은 좋은 스트레스를 유발해서 좋은 유전자 스위치를 ON시키는 매우 중요한 방법이라는 것이 세계적 유전자학의 권위자로 노벨상 후보로 추천되었던 일본의 무라가미 가즈오 박사에 의해 실험적으로 증명되었다. 그는 웃음이라는 좋은 스트레스를 쓰꾸바시의 당뇨병 환자들을 대상으로 실험하여 크게 웃는 것이 혈당치 상승을 억제한다는 것을 확인하였다.

이 연구 논문은 미국의 권위 있는 당뇨병 학회지에 실렸고, 그 개요가 로이터 통신을 거쳐 세계로 송신되었고, 미국의 워싱턴 포스트, 뉴스위크, 일본의 NHK에도 소개되어 대단한 반향을 일으켰다.

웃음의 행위는 좋은 스트레스를 주고, 걱정거리는 나쁜 스트레스를 주어 유전자 활동의 ON, OFF에 관련한다. 그래서 웃음은 평소 건강뿐 아니라 이미 걸린 질병의 치료에도 효과적이다.

웃음은 자연 치유력 즉 면역력을 높이는 효과가 있기 때문이다!

오늘도 건강을 위해 호탕하게 웃자.

우하하하하하하하하하하하하······.

인류 최고의 명약

　인간은 동물과 달리 말을 할 수 있다. 그러나 말이 있기 전에 웃음이 있었다. 그래서 많은 철학자들이 웃음을 주제로 논문을 쓰고 있다.
　데카르트, 쇼펜하우어, 니체, 칸트 등이 그들이다. 그중 칸트는 그의 저서 『판단력 비판』에서 "웃음은 긴장이 갑자기 풀어지면서 생기는 정서"라고 정의했다. 그리고 웃음은 건강에 좋은 효과가 있다고 했다.
　인간은 도대체 언제부터 웃는 것일까?
　몇 년 전 영국 BBC 방송국에서 행복에 대해 실험과 연구 조사를 하였다. 이때 조사 항목 중의 하나로, 웃음에 대해 자료 수집을 하며 많은 태아의 초음파 사진을 모으게 되었다.
　그때까지는 생후 2개월 정도 될 때 부모의 자극에 반응하여 웃는 것으로 알려져 있었는데 그 초음파 사진들에는 어머니 뱃속 태아부터 웃는 사진이 여러 장 발견되었다.
　대략 7~8개월 정도된 태중의 태아들도 웃는다는 것이다. 그 후 아기는 태어나서도 커뮤니케이션의 수단으로 웃는다. 이것을 엔젤 스마일 Angel smile이라 한다. 이는 부모와의 대화 수단이며 부모의 스킨십에 따라 점점 더 웃고 나중에는 활짝 웃는다.

그래서 스킨십은 중요하다. 스킨십이 부족한 아이는 웃음도 부족하고 말도 늦게 배운다고 한다. 웃음은 아기들의 말 공부가 되는 것이다. 그리고 행복의 가장 원초적 반응이다. 사람은 아기일 때 가장 많이 웃는데 하루 300~500회 정도 웃는다고 한다.

우스운 말이 있는데 "바보는 암에 걸리지 않는다"는 것이다. 바보는 시시때때로 웃기 때문에 질병이 오지 않는다는 것이다. 확실히 낙천적인 사람에게는 질병이 적게 찾아오고 또 치유율도 높은 것이 사실이다.

그래서 두 종류 사람에게서 웃음을 배우라고 하였는데 아기들의 천진난만한 웃음과 바보들의 낙천적인 웃음을 배우라고 한다.

웃음은 고대로부터 치료의 중요한 수단으로 행해졌다. 환자들을 대상으로 희극을 공연하든지, 광대들의 웃음을 선사하든지, 깃털로 간지럼을 태워 치료했다고 한다. 지금도 인도에는 웃음 치료법이 있고 웃음으로 치료하는 곳이 1,200군데나 된다고 한다.

의성 히포크라테스도 육체와 마음을 하나로 보고 육체의 질병을 치료하기 위해서는 마음을 먼저 치료해야 한다고 했다. 서양 의학에서는 마음 치료 부분이 많이 무시되어 왔는데, 근자에 다시 그 효능을 입증해 가기 시작했다.

웃음은 악성종양이나 바이러스에 강한 공격력을 갖고 있는 면역 세포들을 활성화시키고, 또 숫자도 늘려 준다.

스트레스를 많이 받는 사람보다 평소에 잘 웃는 사람의 면역 세포가 훨씬 더 활성화되는데 이때 웃음은 단순한 '양'이 아니라 주관적인 웃음의 '질'과 관련된다.

우리가 숨을 들이쉬면서 웃을 수는 없다. 웃을 때에는 항상 숨을 내쉬면서 웃게 된다. 이때 에너지를 방출하면서 웃게 된다. 그래서 웃음은 긴장을 완화시키고 마음을 편안하게 해준다. 그리고 웃는 한, 다른 사람과의 싸움은 불가능하다. 싸움은 숨을 들이마시고 입을 꼭 다물고 극도로 긴장된 상태에 있어야 되기 때문이다. 그래서 싸우지 않고 사이좋게 지내려면 웃음이 중요하며 웃음을 잘 활용해야 한다.

웃음은 자신의 건강과 행복을 위해서도 다른 사람과의 화평과 세상의 평화를 위해서도 꼭 필요하다.

인류가 발견한 최고의 명약, 부작용이 전혀 없는 약,

웃음약을 많이 복용하자!

우하하하하하하하하하하하하하하……。

자연살해 세포 Natural Killer Cell

과거 역사에서 인류의 생명을 가장 위협했던 것은 눈에 보이지 않는 미생물에 의해 전염되는 유행성 전염병이었다.

특히 수많은 전염병 중에 페스트, 천연두, 전염결핵, 콜레라, 황열, 독감 등은 세계 역사를 바꾸어 놓은 지구상에서 가장 무서운 살인자였다. 실제로 1346년부터 4년간 페스트로 유럽은 초토화되어 유럽 인구의 3분의 1이나 되는 2,384만 명이 죽은 것으로 교황청은 추정하였다. 이로 인해 유럽의 봉건주의가 붕괴되는 역사적 전환점이 되기도 하였다. 20세기 초에도 1,300만 명이 이 페스트로 사망하였다.

또한 천연두는 아메리카 원주민 정벌에 무시무시한 효력을 발생하였다. 1753년 영국의 제프리 암허스트 장군은 천연두에 오염된 담요를 원주민들에게 선물했는데 면역력이 없던 원주민이 몰살당하고 말았다. 스페인 군대에 의해서도 천연두가 원주민들에게 전염되어 아즈텍 제국은 4분의 1이 죽고 멸망했다. 황열은 노예상이나 노예의 주인들에게 치명타를 입혀 노예 해방의 밑거름이 되었으며 콜레라는 전 세계를 한바퀴 도는 범세계적인 유행을 일으키며 산업혁명 후 유럽을 강타하기도 했다.

이로 인해 인류는 이들에 대한 대처 방법과 예방 및 관리 방법을 발견하였다. 물론 사스나 조류독감, AIDS 등은 아직 백신이나 항생제를 개발하지 못했지만 이제 현대 사회의 사망률은 이런 전염병으로 인한 원인이 높지 않음이 분명해졌다. 현대는 미생물 침입에 의한 것이 아닌 라이프 스타일Life Style에 의해 발병되는 질병이 단연 으뜸의 사망률을 나타내게 되었다. 바로 암, 당뇨 합병증, 고혈압으로 인한 질병, 우울증 등이 바로 그것들이다.

이들을 과거에는 노인병이라 했지만 그 후 성인병으로 지금은 현대병이라고 칭한다. 우리 몸 속에서는 하루 3천 개에서 5천 개 정도의 세포가 암화한다고 한다. 암화된 세포는 몸 속에 있는 50억 개나 되는 NK세포 등이 파괴시키기 때문에 암에 걸리지 않는다. 그러나 심한 스트레스의 장기 지속으로 인해 면역력이 현저히 떨어지게 되면 암화된 세포가 분열 성장하여 5~10년 후 악성 종양 초기로 발견되는 것이다. 대개 초기에 발견되는 것은 1cm 정도로 벌써 10억 개 이상으로 분열 증식된 것이다.

고혈압이나 당뇨 등도 라이프 스타일에 밀접한 관계가 있다. 식생활이나 환경적인 요인도 주요한 영향을 미치지만 무엇보다 스트레스에 의한 영향도 무시 못 할 것이다.

건강보험공단에 의료비가 지출된 우울증 환자는 100만이 넘었다고 한다. 병·의원에서 치료받지 않은 우울증 환자는 그 몇 배나 될 것이다.

이 모든 현대병의 특징은 외부에서 미생물의 침입에 의한 과거 전염병과는 달리 병인이 모두 자신에게 있으며 자각 증상이나 소문 없이 찾아온다는 것이다.

　현대병의 주원인이 되는 스트레스를 잡는 스트레스 킬러는 바로 웃음이다. 또한 웃음은 면역력을 증가시키는 인터페론 감마가 200배나 증가되어 모든 면역 세포가 활성화되고 그 숫자도 현저히 증가된다.

　우리는 웃을 일이 있어야 웃는다고 하며 거의 웃지 않고 살아간다. 그러나 건강을 위해서는 운동처럼 정기적으로 웃어 주어야 한다. 억지 웃음도 진짜 웃음과 같은 효과가 있다.

　웃을 일이 없어도, 절망 가운데서도, 항상 웃음 운동을 할 수 있도록 웃어야 되는 이유, 효과, 사례를 알려 주고 실습으로 웃음을 웃을 수 있도록 동기부여하는 것이 웃음 치료가 필요한 이유이다.

23

웃음 대장금

"통通인즉 불통不痛이요, 불통不痛인즉 통通이라."

한류의 대표적 드라마 대장금에 나오는 대사이다. 혈액순환이나 기가 잘 통하면 아프지 않게 되고, 혈액순환이나 기가 잘 통하지 않게 되면 아프게 된다는 말이다.

우리 몸에 말초혈관까지의 길이를 모두 합한 혈관의 길이는 12만Km라고 한다. 이는 서울에서 부산까지 고속도로 직선 길이가 약 400Km 정도이니 서울에서 부산의 300배 정도이고, 지구를 두 바퀴 반이나 도는 엄청난 길이다.

이 먼 거리를 평생 동안 한번도 쉬지 않고 주먹보다 조금 작은 심장이 펌프질을 하여 혈액을 순환시킨다. 그런데 혈관에 노폐물 등이 달라붙어 순환에 장애를 일으키면 동맥경화, 관상동맥, 뇌졸중, 심근경색, 심부전증, 협심증 등의 순환기 계통의 질병이 발생한다. 이것이 현대병 중에 암 다음으로 사망률과 장애 발생이 높은 고혈압으로 인한 질병이다.

웃음은 혈액순환에 탁월한 효과가 있다.

영국 BBC에서 조사한 자료에 의하면 크게 웃을 때 혈관의 내벽을 확장시켜 심장에 유입되는 혈액량이 22%가 증가하였다고 한다.

또 웃으면 뇌 속에서 엔도르핀 등 마약 비슷한 성분이 분출되어 말초혈관이 확장되므로 혈액순환이 잘 된다. 따라서 온몸 구석구석까지 산소와 영양분이 충분히 흘러들어가 뇌 활동이 활발해지고, 신진대사가 활발해져 노화와 병이 예방되고, 젊고 활기찬 생활을 하게 되며, 몸의 질병을 치유하는 면역 세포도 증가하게 된다.

웃을 때 생산되는 엔도르핀과 엔케팔렌 등을 생체 모르핀이라고도 부르는데 양귀비에서 생산되는 천연 아편, 모르핀의 약 200~300배 정도 통증 완화 효과가 있다고 한다. 그래서 웃음은 통증의 특효약이다.

대장금의 "통通인즉 불통不痛"이란 말이 증명이 되고 있는 것이다.

필자도 웃음에 빠지게 된 동기가, 1년 6개월간 필자를 괴롭혀 왔던 통증을 5시간 웃음으로 깨끗하게 나았고, 그 후 계속해서 웃음으로 통증이 사라졌기 때문이다.

즉 필자는 요통, 좌골 신경통, 견통, 십이지장 궤양으로 인한 두통 등이 끊일 날이 없었고, 그 동안 매일 물리치료를 받는 것은 물론 태반주사, 봉침주사, 진통제 등을 맞으며 3개월 이상 운전도 못하고 누워서 지낸 적이 있다. 그러다가 웃음 치료에 관한 책을 보게 되고 웃음 스쿨에 가서 웃고 나서 통증이 사라지는 기적을 체험하였다.

"노만 커즌즈"라는 웃음 치료 창시자는 몰래카메라 비디오를 보고 매일 웃어서 하루 24알의 진통제와 12알의 신경 안정제로 겨우 버티던 강직성 척추염이라는 희귀 질병의 통증(말기 암 환자보다 더 심하다는)을 이겨내고 웃음 치료 연구의 선구자가 되었다.

　웃음이 혈액순환과 통증에 미치는 영향에 대해서 언급했다. 보다 중요한 사실은 웃음은 부작용이 없다는 사실이다. 마약처럼 중독될 일도 없다. 오히려 부정적 감정을 몰아내 행복의 길로 안내한다.

　대한민국이 웃어서 웃음의 새로운 한류를 일으키면 얼마나 좋을까?

　세계에서 가장 잘 웃는 나라, 대한민국!

　세계에서 가장 행복한 나라, 대한민국!

　우하하하하하…… 하하하하하!!

기적의 파워 에너지 Power energy

모든 집은 설계도가 있다. 그 설계도에 의해 하나의 집이 완성된다. 인간의 몸도 설계도가 있다. 그 "생명의 설계도"가 바로 유전자DNA이다. 누가 이 생명의 설계도를 그렸고 창조했을까? 이것은 인간이 알 수 없는 신의 절대적 영역에 속한다. 이것은 인간의 지혜를 훨씬 초월한 대우주의 예지 그 자체이다.

20세기 후반에 들면서 인류는 드디어 설계도가 존재한다는 것을 알게 되면서 이것이 20세기 최대의 발견으로 불리게 되었다.

우리 몸은 약 1Kg당 약 1조 개의 세포로 되어 있다. 세계인의 평균 체중을 약 60kg으로 볼 때 인간에게는 약 60조 개의 세포가 있다고 말한다. 그 세포 한개 한개 속에 세포핵이 있고 이 세포핵 중간에 염색체가 있다. 이것이 유전자가 다발이 된 덩어리로써 인간은 남여 공통인 22종류의 보통 염색체와 남여의 성별을 결정짓는 두 종류의 '성 염색체'가 있다.

이 23종의 염색체 한 세트를 "1게놈"이라 부른다. 흔히 말하는 '인간 게놈'이 바로 이것이다.

60조 개나 되는 세트 하나하나에 아버지와 어머니로부터 각각 DNA "인간 게놈"을 한 세트씩 이어받아 두 세트씩의 염색체가 빈틈없이 들어차 있는 것이다. DNA 크기는 23종류 46개의 염색체에 담긴 인간 게놈의 이중 나선을 서로 연결하여 길이로 늘어 놓으면 약 1.8mm가 된다고 한다. 그래서 평균 60조 개나 되는 인체 세포에 포함된 모든 유전자를 연결하면 지구 둘레를 300만 바퀴나 도는 길이가 된다니 도저히 상상할 수도 없는 일이다.

인간 세포 하나의 핵에 달려 있는 게놈의 무게는 약 2,000억 분의 1g이라고 한다. 전 인류의 게놈을 모아도 약 30분의 1g 정도로 쌀 한 톨 무게만큼도 안 된다.

이 인간 게놈과 관련하여 2003년 4월에 '해독 완료'가 선언되었다. 그러나 이는 염기의 배열 방식을 알았을 뿐 각 유전자의 암호 즉 작용을 밝혀 낸 것은 아니다. 이것은 전 세계를 구석구석 탐험하기 위해 만든 조각배에 불과하다.

이 DNA에 적힌 30억 개의 문자열 중에 단백질을 만들도록 지령을 내리는 부분만을 '유전자'라고 부른다. 이것 외에 잘 모르는 문자열을 "정크 유전자"라고 부른다. 그런데 일본의 무라카미 가즈오 박사에 의하면 스위치 온ON되어 활동하는 유전자는 불과 3%정도뿐이라고 한다. 나머지 97%는 작용하지 않고 스위치가 오프OFF되어 있다고 한다.

여기에서 이 잠들어 있는 유전자, 즉 스위치가 오프되어 있는 유전자를 깨워서 스위치 온 시키는 도구가 있는데 이것이 바로 '웃음'이다. 웃음은 유전자의 자명종 시계인 셈이다. 그래서 잘 웃고 경쾌한 사람일수록 정력적이고 젊어 보인다. 그리고 웃음은 백약 중에 최고로 좋은 약이며 부작용 없는 만병통치약이다. 웃음에는 병을 고치는 기적의 파워 에너지Power energy가 있다.

"잠자는 유전자를 깨운다면 인간의 가능성은 한없이 뻗어 갈 것이다"라고 무라카미 가즈오 박사는 주장한다.

전 세계 병원은 "웃음 처방전"을 모든 치료에 앞서 우선적으로 환자에게 제공해야 한다. 앞으로 미래의 병원상은 대기실에서 코미디 쇼를 보며 웃고 진찰실에서도 의사 선생님과 한바탕 웃고 나서 서로 편안한 마음으로 대화를 나누며 다시 한 번 큰 웃음으로 진료를 마친다.

또 약국에 가서 약처방을 받는 동안 신나게 웃고, 집에 돌아와서도 시간나는 대로 웃음약을 복용하며 신나게 웃는 날이 있을 것을 상상해 본다.

모르핀 200배의 진통 효과

고창순 박사는 서울대병원 부원장을 지내고 가천의과대학 초대 총장을 지냈다. 그는 25세 때 대장암이 발견되어 대장 수술을 하였고 50세에 십이지장암이 발견되어 다시 수술을 하였다. 그 후 65세에 야구공만한 암 덩어리가 간에서 발견되어 간과 신장 일부를 절제하였다.

그의 생애는 암과 투쟁하며 50년을 보냈으며, 그 동안 암과 싸우면서 그 기록을 모아 책을 한 권을 펴냈는데 그 이름은 『암에게 절대 기죽지 말라』이다. 그는 이 책에서 50년 암을 이겨내면서 1등 항암제를 발견하였는데…… 그것이 바로 웃음이었다고 한다. 그래서 이 웃음을 "신비의 영약"이라고 표현하였다.

웃음으로 많은 질병을 치료한 사례에서 보듯이 정말로 웃음은 신비의 영약으로 불릴 만큼 그 효과가 대단하다. 그리고 가장 중요한 것은 부작용이 절대 없다는 것이다. 아무리 좋은 약도 부작용이 없는 약은 없는데 말이다. 이 웃음약에 들어 있는 효능을 살펴보자.

1. 스트레스 해독제

웃을 때 15초면 왕성하게 생산되는 엔도르핀, 엔케팔렌, 도파민 등은 스트레스 호르몬인 코르티솔, 아드레날린, 에피네피린과 같은 호르몬을 중화시킬 뿐 아니라 생산도 감소시키며 스트레스로 인한 질병을 치유, 또는 예방시키는 중요한 역할을 한다.

2. 강력 진통제

편두통, 견통, 좌골신경통 등의 back pain은 대부분 스트레스성 통증 TMS인 경우가 대부분이다.

엔도르핀은 생체 모르핀이라고도 하며 모르핀의 200배의 진통 효과가 있다. 또한 엔케팔렌은 모르핀의 300배 진통 효과가 있다고 한다.

3. 항우울제

웃을 때 생산되는 세로토닌, 도파민 등은 항우울제로 기분을 좋게 해 주며 엔도르핀 등에 의해 행복해진다.

4. 혈압 강하제

크게 웃을 때 혈압은 약간 상승하나 그 후 본래 자신의 혈압보다 약간씩 떨어진다. 영국 BBC에서 조사한 바에 의하면 혈관 내벽이 확장되어 혈압을 떨어뜨리는 결과를 나타낸다.

5. 고혈압 합병증 예방제

역시 BBC의 조사에 의하면 크게 웃을 때 심장 내 유입되는 피가 23%만큼 증가하며 혈류량은 그만큼 늘어난다. 또한 동맥혈관 내벽이 확장되기 때문에 뇌졸중, 뇌경색, 동맥경화, 심근경색, 관상동맥, 협심증 등 고혈압 합병증의 예방에도 큰 웃음이 좋은 효과가 있음이 밝혀졌다.

6. 혈당 상승 억제제

일본 쓰꾸바대학에서 실험 결과 당뇨에 관한 강의를 1시간 듣고 난 후 공복시 대비 혈당 상승에 비해 1시간 웃고 난 후의 혈당 상승이 40% 감소하는 결과가 나타났다. 이때 유전자도 변화되어 혈당 상승을 억제하는 것으로 보고되었다.

7. 회춘제

한바탕 큰 웃음은 근육을 풀어 주고 미세한 산소결핍증을 풀어 주어 통증을 없애면서 편안하게 해준다. 또한 근육수축이 이완되어 온몸이 릴랙스해지고 크게 웃음으로 체내의 대사율도 증가하면서 혈류량 증가로 산소 공급이나 영양분 공급이 활발해져 젊게 살 수 있다.

8. 치매 예방제

크게 웃을 때 뇌혈류를 통해 뇌에 공급되는 산소 공급량은 100%가 증가(2배 증가)하는 것으로 밝혀졌다. 따라서 기억력이 20%나 증가하며 치매 예방에도 좋은 효과가 있다.

기타 비만치료제, 수면제 등 열거하지 못한 효능이 많으나 다 열거할 수 없고 또한 아직 밝혀지지 않은 것이 많지만, 앞으로 과학의 발달과 함께 웃음은 신비의 영약으로 점점 더 그 명성을 높여 갈 것이다.